Der Tiger in dir

Starke Geschichten,

in denen Kinder entdecken,

was in ihnen steckt

ELISABETH ZWISCHENBERGER

Der Tiger in dir
Copyright © 2021 Elisabeth Zwischenberger

Herausgeber: lovelypubli GmbH, Michaelkirchplatz 1, 10179 Berlin
Kontakt: info@lovelypubli.de
Autorin: Elisabeth Zwischenberger
Illustration: Anastasia Khmelevska
Umschlaggestaltung: Solimar Herrera
Lektorat: Kathrin Andreas
Korrektorat: Dr. Hanne Tyslik
Buchsatz: Chartini Arie
ISBN: 978-3-9823346-3-9
Druck und Vertrieb: Amazon Kindle Direct Publishing

Inhalt

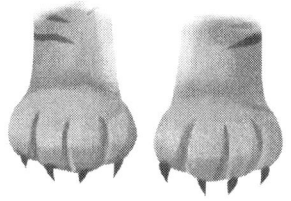

Vorwort

Hast du schon einmal einen Tiger gesehen? Vielleicht konntest du die großen Raubkatzen mal im Zoo beobachten. Wahrscheinlich kennst du sie aber schon lange aus Büchern, dem Internet oder dem Fernsehen. Jetzt stell dir einen solchen Tiger mal in freier Wildbahn vor. Lautlos schleicht er durch das Unterholz eines dichten indischen Regenwaldes. Sein rot-goldenes Fell glänzt zwischen den grünen Pflanzen im Sonnenlicht. Seine Augen glitzern entschlossen. Der Tiger streift in seinem Revier umher, um es zu beschützen. Auch wenn er friedliebend ist und nie einen grundlosen Kampf beginnen würde, fürchten ihn die anderen Tiere. Seine ruhigen Bewegungen, sein wachsamer Blick

und seine geduldigen und ausdauernden Beute-
züge vermitteln allen Beobachtern eindeutig: Der
Tiger ist der König. So kommt es auch, dass das
majestätische Tier keine natürlichen Feinde hat.
Warum ich dir das erzähle? Weil auch in dir ein
Tiger steckt. Du kannst genauso mutig, stark und
entschlossen sein wie ein Tiger, der sein Revier
verteidigt. Vielleicht hältst du dich aber auch
lieber im Hintergrund, beobachtest und bewer-
test eine Situation ganz für dich allein, so wie
ein Tiger, der seine Umgebung immer wachsam
im Auge behält. Du kannst genauso wild, leiden-
schaftlich und abenteuerlustig sein wie ein Tiger
auf der Jagd. Vielleicht bist du aber auch lieber
sanftmütig, gelassen und geduldig, wie eine Ti-
germama, die sich um ihre Jungen kümmert.
Du hast deinen inneren Tiger noch nicht entdeckt?
Es kann sein, dass er sich hinter einem dichten
Gebüsch von Selbstzweifeln, Ängsten oder Wut
versteckt. Oder er tigert völlig lautlos umher und
wartet nur auf seinen Einsatz. Egal, wo er ist, er
ist immer da, und wenn es darauf ankommt, wird
er sich dir zeigen.

In den kommenden Geschichten dieses Buchs wirst du ganz verschiedene Kinder kennenlernen. Wahrscheinlich wirst du die ein oder andere Situation wiedererkennen. Vielleicht hast auch du große Träume, die von so manchen Erwachsenen belächelt werden? Dann kannst du gemeinsam mit Nils den „Boden der Tatsachen" ergründen. Womöglich stellst du dabei fest, dass du mehr Möglichkeiten hast, deine Träume wahr werden zu lassen, als du selbst geglaubt hast. Oder kennst du das Gefühl, immer ein klein wenig anders zu sein als deine Mitschüler? Vielleicht hast du eine leichte Behinderung wie Julian oder du hast nach einem Umzug Schwierigkeiten, dich in deiner neuen Klasse einzugewöhnen. Dann begleite Stella auf ihrer Reise durchs Universum und erlebe mit, wie sie die bunt leuchtenden Außerirdischen ordentlich aufmischt. Vielleicht kennst du auch das Gefühl, dass jeder andere Erwartungen an dich hat, was du tun sollst. Manchmal reicht die Zeit kaum aus, um Hausaufgaben, Hobbys, Freunde und Familie nicht zu kurz kommen zu lassen. Wie es wohl wäre, wenn das Leben im

Zeitraffer stattfinden würde und man alles doppelt so schnell erledigen könnte? Maxim zeigt es dir.

So unterschiedlich die Kinder auch sind, haben sie doch eins gemeinsam: Sie entdecken und nutzen ihre Stärken, ganz egal, ob es sich dabei um Kreativität und Offenheit für neue Ideen, Mitgefühl für andere Menschen und Tiere oder um den Mut, zu sich selbst und seinen Gefühlen zu stehen, handelt. Genau wie ein Tiger seine Kräfte, Fähigkeiten und Wirkung kennt und unbeirrt seinen eigenen Weg geht, lernen die Kinder in diesem Buch, ebenfalls ihrer inneren Stimme zu vertrauen – schließlich ist es die Stimme ihres inneren Tigers. Entdecke auch du den Tiger in dir!

STARK MUTIG
anmutig KLUG
GEDULDIG
HILFSBEREIT
WILD liebevoll
KOMMUNIKATIV
SELBSTBEWUSST

Eine gewagte Kletterpartie auf dem Lügengerüst

S ophie, Sophie, Sophie!" Die anfeuernden Rufe hallten über den ganzen Schulhof. „Anfangs hatte sich Sophie nur mit ihrer Freundin Dilara das neue Klettergerüst der Schule anschauen wollen. Aber zu Dilara war schnell ihre große Schwester Ayla dazugekommen. Und zu Ayla ihr Freund Henry. Und zu Henry sein Bruder Pascal. Und jetzt standen sie alle da und feuerten Sophie an, sich endlich auch mal auf das

Klettergerüst zu wagen. Aber es war kein ermutigendes Anfeuern. Es war dieses Anfeuern, bei dem man hintenherum über den anderen lacht. Hier bedeutete jeder Ruf eigentlich: „Du traust dich doch sowieso nicht!"

„Sophie, Sophie, Sophie!" Die unerbittlichen Rufe dröhnten in ihren Ohren. Ihr Blick fiel auf das Klettergerüst. Wie ein riesiges Spinnennetz ragte es weit über ihren Kopf hinaus in den Himmel. Wenn sie in der Mitte davon kletterte, konnte sie eigentlich nicht allzu tief fallen. Die gespannten Seile unter ihr würden sie schließlich immer wieder auffangen. Aber Sophie traute sich nicht. Schon bei der Vorstellung, sich Schritt für Schritt in dem riesigen Netz immer weiter nach oben zu bewegen, zitterten ihr die Knie. Was sollte sie nur tun?

Für die meisten Kinder in ihrer Grundschule war es eine schöne Überraschung gewesen, als sie nach den Sommerferien das neue Klettergerüst mitten auf ihrem Schulhof entdeckten. Sofort waren sie darauf zugestürmt und losgeklettert. Dilara kletterte bis an die Spitze und rief mit einer dramatischen Handbewegung „Ich bin die Königin der Welt!" über den Schulhof. Henry kletterte bis zur Hälfte hoch, bevor er einen abenteuerlichen Sprung zurück in den Sand wagte. Sogar Marion traute sich auf die Seile, und die tat sonst alles, um keinen Schritt zu viel gehen zu müssen. Nach den ersten Schritten hatte sie zwar beschlossen, sich mit ihren Armen und Beinen an den Seilen einzuhaken und in dem Netz hängen zu bleiben wie in einer Hängematte. Sophie traute sich nicht einmal das. Aber natürlich würde sie das niemals zugeben.

Sie hatte keine Wahl. Alle Augen waren auf sie gerichtet. Sicher, Sophie wusste, dass man nicht lügen sollte. Aber sie hatte schon oft genug festgestellt, dass auch Erwachsene so manches Mal flunkerten. „Notlügen sind erlaubt" hieß es dann. Und das hier war ein Notfall, eindeutig! Natürlich könnte sie sich auch auf das Gerüst quälen oder zu ihrer Angst stehen und für den Rest des Schuljahres als Angsthase bezeichnet werden. Nein, das wollte sie nicht und so beschloss sie, dass eine Notlüge in diesem Fall in Ordnung war.

„Ach, Leute, echt jetzt?", unterbrach Sophie betont lässig die ungeduldigen Rufe der anderen

Kinder. „Auf dieses winzige Klettergerüst soll ich klettern? Das ist doch lächerlich! Ich meine, immerhin bin ich deutsche Meisterin im Klettern. Das hab ich nur noch nicht erzählt, weil ich nicht angeben wollte. Ihr habt euch so über dieses Gerüst hier gefreut, da wollte ich euch den Spaß nicht verderben. Aber wenn man schon mal an der Decke einer Kletterhalle entlanggeklettert ist, ist so was hier halt einfach Kinderkram. Sorry, aber da kann ich meine Pausen dann doch anders verbringen. In meiner Freizeit klettere ich echt schon genug!" Mit klopfendem Herzen wagte Sophie einen kurzen Blick in die überraschten Gesichter der umstehenden Kinder. Noch bevor jemand etwas sagen konnte, drehte sie sich um und ging in Richtung Schulgebäude. Es musste sowieso jeden Moment klingeln. Selten war ihr eine Pause so lang vorgekommen.

„Wie, du bist echt deutsche Meisterin? Wieso hast du das nie erzählt?", fragte Sophies Sitznachbarin Malika, noch bevor die Kinder den Klassenraum betreten hatten. Die Neuigkeit hatte sich wie ein Lauffeuer in der Schule verbreitet. Sophie seufzte. Sie hätte es sich ja denken können. „Na ja, das ist schon ein Jahr her. Wahrscheinlich hab ich es einfach vergessen zu erzählen", erklärte sie. Malika war in diesem Jahr neu in die Klasse 4c gekommen. Deshalb kannte sie noch nicht alle Hobbys ihrer neuen Schulfreunde. Sophies Erklärung erschien ihr glaubhaft. „Vielleicht kann ich ja mal mitkommen, wenn du klettern gehst?", nuschelte sie in den Zipfel ihres Kopftuchs, den sie gerade neu befestigte. Sophie wusste, dass Malika ein wenig schüchtern war, und wollte ihre vorsichtige Anfrage nicht direkt verneinen. „Ja, mal sehen", murmelte sie also.

Aber in ihrer Klasse gab es ja nicht nur Malika. Bei jeder Gelegenheit fragten ihre Mitschüler sie über ihr geheimes Hobby aus: „Wie ist das eigentlich, wenn man runterfällt? Baumelt man dann echt an so einem Seil in der Luft?", „Was muss man machen, um deutsche Meisterin zu werden?", „Wieso hast du denn so ein Geheimnis daraus gemacht?". Mit jeder Frage, die Sophie beantwortete, wurde das Lügengerüst immer größer. Mit jeder Geschichte, die sie erzählte, legte sie die Latte für die nächste Lüge noch ein bisschen höher. Sie erfand abenteuerliche Geschichten, wie sie an einem

Seil in vielen Metern Höhe wie auf einer Schaukel durch die Halle gebaumelt war. Sie dachte sich furchteinflößende Tests und Turniere aus, die man bestehen musste, um deutsche Meisterin zu werden. „Kopfüber im Handstand an einer Wand entlang zu klettern, gehört da noch zu den leichteren Übungen", prahlte Sophie, ohne rot zu werden.

„Kannst du uns nach der Schule nicht mal ein paar Tricks zeigen? Bitte, bitte!", bettelte Dilara. „Heute geht's leider nicht. Heute muss ich dringend los, äh ... meinen Bruder aus dem Kindergarten abholen. Vielleicht morgen." Je mehr Lügen Sophie sich ausdachte, desto leichter kamen sie ihr über die Lippen. Morgen kann ich mir ja einfach mit Mamas altem Verbandszeug den Knöchel verbinden, überlegte sie. Dann hätte sie einen guten Grund, ihre Kletterkünste doch nicht vorführen zu müssen.

"Du bist stärker
als deine Angst!"

Bereits nach wenigen Tagen hatte Sophie sich ein Lügengerüst aufgebaut, das das Klettergerüst auf dem Schulhof weit übertraf. Aber Sophies Lügengerüst konnte man nicht einfach irgendwo hinstellen und Lüge für Lüge wieder abbauen. Sophies Lügengerüst war unsichtbar. Es befand sich in ihrem Kopf und niemand anderes wusste davon.

Am ersten Tag hatte es ihr noch Spaß gemacht, sich immer neue Geschichten auszudenken und sich für ihre Kletterei bewundern zu lassen. Aber schon am zweiten Tag wusste sie nicht mehr genau, was sie eigentlich schon alles erzählt hatte. Und am dritten Tag war ihr das ganze Lügengerüst endgültig über den Kopf gewachsen. Sie hatte das Gefühl, immer höher klettern zu müssen – so lange, bis ihr schwindelig wurde und das Gerüst jeden Augenblick unter ihr zusammenzustürzen drohte.

Am vierten Tag passierte etwas Ungewöhnliches. Es begann mit einem Klopfen an der Klassenzimmertür. Die Tür öffnete sich einen Spalt und ein sichtlich aufgebrachter Herr Baer stolperte herein. Er war der erste Mensch, den Sophie kennengelernt hatte, dessen Name perfekt zu ihm passte, denn Herr Baer sah aus wie ein Bär. Er war so groß, dass er gerade noch durch die Tür passte, ohne sich ducken zu müssen. Selbst seine Körperfülle ähnelte der eines Bärs. Seine etwas zu engen T-Shirts ließen einen direkten Blick auf seine kunstvoll tätowierten Arme zu. Mitten auf seinem Oberarm prangte – wie hätte es anders sein können – das Bild eines großen, wilden Bären. „Damit ihr meinen Namen nicht vergesst", hatte er in seiner ersten Schulstunde mit den Kindern gescherzt. Aber seinen Namen hätten die Kinder sowieso nie vergessen – was nicht nur daran lag, dass er denkbar einfach zu merken war. Herr Baers ruhige und gelassene Art beeindruckte die Kinder und sie mochten seine Unterrichtsstunden.

Wie Herr Baer an diesem Tag geradezu hektisch in den Klassenraum kam, erinnerte nicht mehr an die Ruhe, die er normalerweise ausstrahlte. „Alles okay bei dir, Clemens?", fragte Sophies Deutschlehrerin Frau Lehmann ihn. Sie blickte ihren Kollegen besorgt über den Rand ihrer Lesebrille an. „Ja, ja, alles bestens, Martina. Ich muss nur kurz ..." Er verstummte. Als er erneut zu einer

Erklärung ansetzte, hörte sich seine Stimme wieder so tief und ruhig an, wie Sophie sie kannte. „Entschuldigt bitte die Störung. Ich habe da ein Problem und brauche Hilfe. Mein Problem sitzt im Lehrerzimmer, genauer gesagt auf meinen Unterlagen. Leider ist gerade niemand da, der mir helfen kann. Normalerweise würde ich ja einfach abwarten und euch nicht im Unterricht stören, aber ich habe eine Freistunde und muss dringend an die Unterlagen." „Aber was ist denn jetzt dein Problem?", hakte Frau Lehmann nach. Sie konnte sich immer noch nicht erklären, was ihren Kollegen so beunruhigte. „Agatha!", antwortete Herr Baer bedeutungsvoll. „Oh, Agatha!", wiederholte Frau Lehmann leise. „Agatha ist eine Spinne, die schon seit Längerem im Lehrerzimmer wohnt", erklärte Herr Baer den Kindern. Pascal lachte laut auf. „Fressen Bären nicht Spinnen?", kicherte nun auch Dilara. „Ach nee, danke. Auf eine Spinnenmahlzeit kann ich gut verzichten. Genau genommen kann ich auf Spinnen ganz verzichten, die jagen mir Angst ein. Vielleicht will mich jemand von euch retten und Agatha nach draußen bringen?"

„Ich!" Sophies Finger schnellte als Erstes in die Höhe. Vor Spinnen hatte sie so gar keine Angst. Im Gegenteil, seit ihr großer Bruder sich eine Vogelspinne wünschte, interessierte auch sie sich für die achtbeinigen Tierchen. „Du bist meine Heldin!", rief Herr Baer ihr scherzhaft aus einem Sicherheitsabstand von mindestens zwei Metern zu, während Sophie die Spinne mithilfe von Glas und Papier nach draußen brachte. Aber Sophie fühlte sich nicht wie eine Heldin. Wie selbstverständlich Herr Baer zu seiner Angst gestanden und um Hilfe gebeten hatte, beschäftigte sie. Irgendwie ist das doch ziemlich mutig, überlegte Sophie.

Als die beiden den Schulhof betraten, um Agatha in die Freiheit zu entlassen, nahm Sophie all ihren Mut zusammen. „Finden Sie Ihre Angst vor Spinnen eigentlich gar nicht schlimm? Ich meine ... Bestimmt wurden Sie auch schon mal dafür ausgelacht, oder?" Herr Baer überlegte kurz. „Nein, schlimm finde ich das nicht. Jeder hat doch so seine Ängste. Natürlich lachen die Leute manchmal darüber, dass so ein großer Bär wie ich Angst vor so winzigen Tierchen hat. Ich muss zugeben, es muss schon ein lustiges Bild sein, wenn ein Riese wie ich auf einen Tisch flüchtet, nur weil eine kleine Spinne am Boden vorbeikrabbelt. Aber über meine Angst macht sich eigentlich niemand lustig. Im Gegenteil, ich habe die Beobachtung gemacht, dass viele Leute einen noch mehr respektieren, wenn man zu seinen Ängsten und Schwächen steht. Der Versuch, Ängste und Macken zu verheimlichen, ist nicht nur umständlich, sondern auch schade. Man hält dadurch ja immer einen Teil von sich selbst zurück. Schließlich gehören die Schwächen doch genauso zu einem wie die Stärken. Und die Angst genauso wie der Mut. Wieso fragst du?"

Nachdenklich starrte Sophie auf die Spinne in dem Glas in ihrer Hand. Herr Baer hatte recht – natürlich hatte er das. „Ich hab auch ein Problem", begann sie. Und dann erzählte sie ihrem Lehrer von ihrer Lüge, die immer größer und größer geworden war. Von ihrer Angst vor dem Klettern. Und der Angst davor, von allen in der Klasse ausgelacht zu werden. Herr Baer hörte aufmerksam zu. „Ich hab da eine Idee", antwortete er schließlich, als Sophie fertig war. „Komm, wir setzen

Agatha dort drüben aus." Sophie folgte ihrem Lehrer bis zu dem großen Klettergerüst. „Und du kletterst jetzt ein bisschen auf dem Gerüst nach oben und ich ...", ein besorgter Blick huschte über sein Gesicht, „nehme Agatha kurz auf die Hand." Sophie starrte ihren Lehrer entgeistert an. „Ich hab doch gesagt, dass ich nicht klettern kann!", murmelte sie bedrückt. „Ja, aber ich bleibe immer bei dir und kann dich festhalten. Mit einem Bären an deiner Seite kann dir nichts passieren", versuchte Herr Baer sie zu beruhigen.

Sophie musste grinsen. Mit ihren Händen griff sie so fest nach dem ersten Seil, dass ihre Fingerknöchel hervortraten. Vorsichtig platzierte sie einen Fuß auf das Gerüst. Ihre Beine begannen zu zittern. Schnell blickte sie zu Herrn Baer, der ihr Mut machte. „Super! Der erste Schritt ist immer schwer, aber den hast du schon geschafft! Du kannst das!" Mit jedem Schritt, mit dem sich Sophie zaghaft in die Höhe wagte, konnte sie geradezu spüren, wie ihr Lügengerüst seinen Schrecken verlor. Wenn sie sich immer mehr traute und das Klettern keine Lüge mehr war, würde das Lügengerüst immer weiter schrumpfen. „Ich entlasse Agatha jetzt in die Freiheit. Wünsch mir Glück!", teilte Herr Baer ihr nach wenigen Minuten mit. Mit spitzen Fingern entfernte er das Papier von dem Glas und beäugte das langbeinige Tier. „Agatha hat mehr Angst vor Ihnen als Sie vor ihr!", redete Sophie ihrem Lehrer beruhigend zu. Bevor Herr Baer es sich anders überlegen konnte, drehte er das Glas mit einer schnellen Handbewegung um, sodass die Spinne auf seiner Handfläche landete. „Ah", entf hr es ihm. „Das reicht dann aber auch!" Schnell schüttelte er seine Hand über einem nahe gelegenen Gebüsch ab und Agatha verschwand im Grünen.

Als Sophie kurze Zeit später wieder ihren Klassenraum betrat, fühlte sie sich unbesiegbar. Sie hatte sich mutig ihrer größten Angst gestellt – dann würde sie es auch noch schaffen, sich ihrer Klasse zu stellen! Frau Lehmann wollte gerade ihre Lesebrille absetzen und ihr Deutschbuch einpacken, da meldete Sophie sich zu Wort: „Ich will euch noch was sagen. Ich bin keine deutsche Meisterin im Klettern. Ich hab euch angelogen, weil ich nicht wollte, dass ihr euch über mich lustig macht. In Wirklichkeit hab ich nämlich Angst vorm

Klettern." Jetzt war es raus! Im Klassenzimmer wurde es still. Nur eine Fliege schwirrte umher. „Was ist denn heute nur los?", unterbrach Frau Lehmann das Schweigen. „Erst Herr Baer und jetzt du? Ist heute Ich-steh-zu-meinen-Ängsten-Tag? Dann hab ich auch noch was zu sagen. Ich hab fürchterliche Angst vorm Zahnarzt!" Wieder waren es Dilara und Pascal, die kurz kicherten. Aber angesichts der bösen Blicke der anderen verstummten sie schnell. „Ich auch!", rief Alyssia plötzlich. „Und ich hab Angst vor Gewitter", gab Bruno zu. „Und ich hab ein bisschen Prüfungs-angst", ergänzte Jasmin die Liste.

Dann klingelte es zur Pause und Sophie bekam das Lächeln gar nicht mehr aus ihrem Gesicht. Mit stolzgeschwellter Brust ging sie zielstrebig auf das Klettergerüst zu. Und wieder feuerten sie alle an. Aber diesmal war es anders, denn ihre Mitschüler meinten es ernst. Unter den ermuti-genden Rufen ihrer Mitschüler kletterte sie Stück für Stück immer höher. Sie wusste, dass sie es schaffen konnte. Im Vergleich zu ihrem riesigen Lügengerüst war diese Kletterpartie hier schließ-lich ein Kinderspiel.

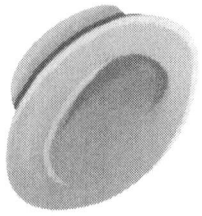

Auf dem Boden der Tatsachen kann so einiges wachsen

Als Nils die Augen öffnete, wusste er nicht sofort, wo er war. Er blinzelte und streckte sich genüsslich. Er hörte, wie der Regen gegen die Fenster prasselte. Dann fiel es ihm wieder ein: Es war ein weiterer verregneter Tag in diesen Sommerferien und er war zu Hause im Wintergarten. Aber das machte Nils nicht das Geringste aus, denn er liebte diesen Ort. In seiner gemütlichen Hängematte konnte er sich zwischen all den Pflanzen vorstellen, mitten in einem Wald zu sein. Womöglich sogar in einem Regenwald. Oder in einem kleinen Küstenstädtchen mit vollkommen von Pflanzen umrankten alten Steinhäusern. Nils war ohnehin jemand, dem es leichtfiel, in allerlei Tagträumen zu versinken. Egal, wo er war, und egal, was gerade in seinem Leben los war – sobald er die Augen schloss, konnte er sich an die schönsten Orte zaubern. In seinen Träumen erschaffte er sich eine ganz eigene Welt. Eine Welt ohne Gewalt und Hass und Krieg, eine Welt voll Glück, Liebe und Mitgefühl. Nils hatte wirklich viel Fantasie. Seine Fantasie malte sich die Welt in den schönsten Farben aus – so sehr, dass es seiner Mutter oftmals zu bunt wurde. Und nicht nur ihr. Sprüche wie „Deine Träume in allen Ehren, aber du kannst als Kind nicht die Welt retten" oder „Bleib doch mal auf dem Boden der Tatsachen" hatte Nils schon oft gehört.

Mit immer noch halb geschlossenen Augen wollte er sich aus seiner Hängematte rollen, doch alles kam anders. Nils hatte sein Gewicht so ungeschickt verlagert, dass die Hängematte ihr Inneres nach außen drehte und ihn hinunterwarf.

Und Nils fiel ... und fiel ... und fiel ... Je länger Nils im freien Fall durch das Nichts raste, desto wacher wurde er. Seine Augen weiteten sich erschrocken, sein Mund öffnete sich, als wollte er schreien, aber er brachte keinen Ton heraus. Was geschah hier bloß? So weit konnte der Boden des Wintergartens doch nun wirklich nicht entfernt sein, aber vom Wintergarten war ohnehin nichts mehr zu sehen. Noch ehe Nils einen klaren Gedanken fassen konnte, prallte er unsanft auf den Boden auf.

Benommen begann Nils, seinen Körper abzutasten. Überraschenderweise hatte er seinen Sturz völlig unbeschadet überstanden – nur sein Po tat ihm ein wenig weh, auf den er geplumpst war. Aber das schien gerade sein kleinstes Problem zu sein. Langsam wagte er es, seinen Blick zu heben. Mit dem harten, erdigen Untergrund hatte er ja schon Bekanntschaft gemacht. Aber woher kam dieses Licht? Das Erste, was Nils sah, als er sich umschaute, war er selbst. Erschrocken wich er einen Schritt zurück. Er schien in eine Art unsichtbaren Spiegel zu blicken. Aber anders als bei den Spiegeln, die Nils bisher kannte, gab es hier keine gläserne Platte, die er berühren konnte. Bei dem Versuch, sein Spiegelbild zu berühren, griffen seine Finger ins Leere. Wenn er einen Schritt nach vorn ging, um sein Abbild zu berühren, wich dieses einen Schritt zurück. Sonst gab es nichts in der Umgebung, was er sich genauer hätte anschauen können. Um ihn herum gab es nur Nebel, der alles außer ihn und sein Abbild einhüllte. Gleichzeitig war es der Nebel selbst, der das milchige Licht gleichmäßig verströmte.

„Willkommen auf dem Boden der Tatsachen! Wie kann ich helfen?", ertönte auf einmal eine freundliche Frauenstimme. Sie erinnerte Nils an die höfliche, aber eintönige Stimme von Kassiererinnen oder Kellnerinnen, die die Menschen mit denselben Worten jedes Mal aufs Neue begrüßen. „Helfen? Mir? Äh ... Wer bist du überhaupt?", stotterte er verwirrt. „Du bist auf dem Boden der Tatsachen gelandet. Schön, dich hier begrüßen zu dürfen. Ich bin deine Vernunft. Gibt es einen bestimmten Grund für deinen Besuch?", meldete sich die freundliche Stimme erneut.

Nils wusste nicht, was er auf die Frage antworten sollte, hatte aber das Gefühl, dass weitere

"Deine Ideen bereichern
die Welt!"

Nachfragen nicht sonderlich erwünscht waren.
„Äh ... ich weiß es nicht. Ich bin aus meiner Hängematte gefallen und auf einmal hier gelandet. Was soll das Ganze überhaupt und warum gibt es mich hier zweimal? Das ist doch nicht normal!", wagte er trotzdem einen Vorstoß. „Soso, unnormal findest du das also", antwortete die Stimme gekränkt. Aber sie fing sich schnell wieder und fiel zurück in ihren höflichen, eintönigen Singsang. Sie begann zu erklären: „Der Boden der Tatsachen ist ein Raum voller Möglichkeiten. Du kannst ihn nutzen, wie du möchtest – oder aber ihn einfach so belassen, wie er ist. So machen das die meisten Menschen und kehren nach ihrem Besuch hier unten ganz ernüchtert wieder zurück in ihre eigene Welt. Aber du hast ja schon bei deiner Landung ordentlich Staub aufgewirbelt – vielleicht willst du das auch weiterhin tun?" Nils verstand nicht, was die Frauenstimme ihm damit sagen wollte. „Wie meinst du das?", hakte er nach. „Ich meine, dass du etwas Besonderes tun kannst, auch wenn andere dir das nicht zutrauen oder es ihnen nicht passt. Und zu dem Spiegelbild ..."

Die Stimme machte eine kurze Pause, als würde sie eine Entschuldigung für Nils' bodenlose Frechheit, hier überhaupt irgendetwas infrage zu stellen, erwarten. Er sollte wohl besser nicht verraten, dass das Spiegelbild nicht das Einzige war, was ihm hier an diesem Ort merkwürdig vorkam. „Nun ja, es muss hier doch ein Spiegelbild geben! Die Welt ist nun mal ein Spiegel deiner selbst. Das ist hier nicht anders als in deiner Welt. Vielleicht kennst du das: Wenn du eine Idee hast und etwas unbedingt in die Tat umsetzen möchtest, dann siehst du all die Wege und Möglichkeiten, wie du dabei vorgehen kannst. Deine Freude daran wird gespiegelt. Wenn du aber zweifelst, siehst du auch die Probleme. Deine Sorgen werden gespiegelt. Und hier, auf dem Boden der Tatsachen, wird das ganz deutlich. Hier kommt man schließlich hin, um etwas ganz klar erkennen zu können. Also gibt es hier die Spiegelbilder, damit jeder daran erinnert wird, dass er allein der Schlüssel ist. Verstehst du?"

Die Stimme der Vernunft schwieg. Nils war froh, dass die Stimme eine Pause eingelegt hatte und er über das nachdenken konnte, was er gehört hatte. Wenn er die Stimme der Vernunft richtig verstanden hatte, ging es auf dem Boden der Tatsachen also gar nicht darum, alle Träume loszulassen. Im Gegenteil, es ging darum, zu erkennen, was man selbst bewirken kann. Nils brummte der Kopf.

Es war so still, dass er sein Herz klopfen hören konnte. Plötzlich fiel ihm ein, was die Stimme vor wenigen Minuten zu ihm gesagt hatte: Staub aufwirbeln ... Sein Blick fiel auf die staubige, trockene Erde. Vielleicht konnte er schon hier etwas bewirken. Vielleicht konnte er seinen eigenen Boden der Tatsachen verschönern. Erneut schaute er sich um. Irgendwo musste es doch etwas geben – irgendetwas. Er wollte gerade ein paar Schritte gehen, um alles zu erkunden, da traute er seinen Augen kaum: Zu seinen Füßen brach ein winziges Pflänzchen mit irrsinniger Kraft den Erdboden auf. Der Spalt vergrößerte sich und das kleine Pflänzchen richtete sich auf.

„Oh, eine Idee! Ich sehe, du hast verstanden", hallte die erfreute Stimme der Vernunft durch den Nebel, aber Nils hörte ihr nur mit halbem Ohr zu. Seine ganze Aufmerksamkeit war auf das kleine Pflänzchen zu seinen Füßen gerichtet, dem er beim Wachsen zuschauen konnte. Die Pflanze bildete in überraschender Geschwindigkeit ein neues Blatt nach dem anderen aus. Aber was noch viel un-gewöhnlicher war als die Schnelligkeit, in der sie zu einer großen, starken Pflanze heranwuchs, war die Farbe der Blätter. Als sie das erste hellgrüne Blatt von sich gestreckt hatte, hatte Nils noch ge-glaubt, dass es sich um eine ganz normale Pflanze handelte. Doch dann war ein blaues Blatt gefolgt. Und ein rotes. Und ein gelbes. Schnell erstrahlte die Pflanze in allen Farben des Regenbogens und ihren Zwischentönen. Selbst als sie zu blühen be-gann, hatte jedes einzelne Blütenblatt eine völlig andere Farbe.

Endlich wusste Nils, was zu tun war. Er begann, vorsichtig die Samen aus den Blüten der Pflanze zu lösen. Dann grub er mit seinen Händen kleine

Löcher in die Erde und legte behutsam Samen für Samen hinein. Er musste nicht lange warten, bis die Samen keimten und zu prächtigen bunten Sträuchern heranwuchsen. Schon bald leuchtete der gesamte Boden der Tatsachen in den schönsten Farben.

„Wie ich sehe, ist deine Idee herangewachsen", hörte er schließlich wieder die Stimme der Vernunft. „Dann bist du jetzt wieder bereit für die Wirklichkeit."

Noch ehe Nils antworten konnte, fand er sich in seiner Hängematte wieder. „Was war das denn?", entfuhr es ihm. Er war sofort hellwach. Scheinbar war er gar nicht aus seiner Hängematte gefallen, sondern einfach nur eingeschlafen. Sollte das, was er eben erlebt hatte, also nur ein Traum gewesen sein? Verwirrt rieb er sich die Augen und dachte nach. Er kannte das Gefühl, wenn Traum und Wirklichkeit miteinander verschmolzen. Manchmal kam es vor, dass er seine Familie oder Freunde fragen musste, ob er etwas wirklich erlebt oder doch nur geträumt hatte. Er beschloss, dass das eigentlich keine Rolle spielte. Viel wichtiger war doch, was er geträumt oder erlebt hatte.

Er erinnerte sich an die Stimme der Vernunft: Er selbst war der Schlüssel.

In den nächsten Tagen musste Nils immer wieder an seinen Traum zurückdenken. Vielleicht konnte er auch im echten Leben etwas tun, um die Welt zu verschönern? Da fiel es ihm wie Schuppen von den Augen. Er konnte hier doch ganz genau das Gleiche tun! Er verbrachte viele Stunden mit dem Handy in seiner Hängematte. Schon bald hatte er das Gefühl, sich jede Seite im Internet durchgelesen zu haben. Er hatte sogar mit dem Bürgermeister telefoniert und Plakate gebastelt!

Als die Schule wieder begann, hielt Nils es keine Sekunde länger aus. Bereits in der ersten Schulstunde erzählte er seinen Mitschülern und seiner Lehrerin von seiner geheimnisvollen Idee, die schnell zum Gesprächsthema Nummer eins wurde. Nachdem die Kinder ihre erste aufregende Schulwoche hinter sich gebracht hatten, war es dann endlich so weit. Am Samstagmorgen zog Nils mit seinen drei besten Freunden Mia, Tian und Niko los zu dem großen Baumarkt in der Nähe. Als sie auf dem Parkplatz ankamen, trauten sie ihren Augen kaum. Vor dem Eingang hatte sich eine Traube von Menschen gebildet, die aufgeregt durcheinanderredeten. „Tolle Idee!", „Wo ist Nils denn?", „Ich bin extra früher aus dem Urlaub gekommen" waren Wortfetzen, die Nils aufschnappen konnte. All diese Menschen hatten sich auf seinen Aufruf hin gemeldet! Alle waren sie gekommen, um gemeinsam mit ihm und seinen Freunden die graue Großstadt zum Erblühen zu bringen.

Die vier Freunde verlangsamten für einen Moment ihre Schritte. „Krass." Niko fand als Erster seine Sprache wieder. „Wie cool ist das denn?", entfuhr es Tian. „Hallo zusammen!" Mia war sofort in ihrem Element. Im Gegensatz zu Nils liebte sie es, wenn alle Augen auf sie gerichtet wurden. „Super, dass ihr alle gekommen seid! Wir wollen heute ganz viele Samen und kleine Pflänzchen kaufen. Vielleicht sollten wir uns absprechen, wer sich welchen Bereich in der Stadt vornimmt", erklärte Mia den Anwesenden.

Nils wunderte sich, wie gelassen sie dabei war. Er selbst war immer noch damit beschäftigt, in der Menge nach bekannten Gesichtern zu suchen. Dort drüben, mit Sonnenbrille, gebräunter Haut und Surfer-Kette, sein Mathelehrer, Herr

Hofmann. Und da hinten, aufgestützt auf ihren rostigen Rollator, Frau Kosino, seine alte Nachbarin. Nils erschrak kurz, als ein kleiner dunkler Lockenschopf zwischen seinen Beinen auftauchte. Adisa und Kojo, die beiden vier- und fünfjährigen Geschwister von Enam aus seiner Klasse spielten Verstecken zwischen all den Menschen. Und da, dieses herzhafte Lachen hatte Nils doch schon mal gehört! Tatsächlich! Der Bürgermeister selbst war wenige Meter entfernt und lachte mit den beiden Kindern, die um seinen breiten Rollstuhl herumsprangen.

Einige Zeit und viele ungläubige Blicke der Baumarkt-Mitarbeiter später ging es los. Die große Menschengruppe verteilte sich mit den neu erworbenen Samen und Pflänzchen in der ganzen Stadt. Herr Hofmann hatte mit den Kindern überlegt, nicht nur den Schulgarten neu zu begrünen, sondern auch auf dem flachen Dach der Turnhalle ein Paradies für Bienen zu erschaffen. Der Bürgermeister hatte geheimnisvoll einige wichtige Telefonate geführt und dann verkündet, dass demnächst noch einige seiner Mitarbeiter auftauchen würden. Sie wollten auf den bisher kaum genutzten Balkonen des Gemeindehauses Salate, Paprika, Karotten und Kräuter anpflanzen. „Dann können wir bei unseren Treffen unser eigenes Gemüse essen. Das ist doch besser als jeder Lieferdienst!", hatte der Bürgermeister gemeint.

Am Montag nach diesem ereignisreichen Wochenende konnte Nils auf seinem Schulweg bereits einiges entdecken, was sich verändert hatte. Selbst an den Hochhäusern, die ihm sonst immer wie riesige, graue Klötze vorgekommen waren, brummte jetzt das pralle Leben. Er sah unzählige Hummeln, Wespen und Bienen, die von Balkon zu Balkon flogen und sich dort über die nektarreichen Pflanzen freuten. Überhaupt schien viel mehr los zu sein in seiner Stadt – und damit meinte er nicht die unzähligen Menschen, die hastig von A nach B eilten. Nein, heute war etwas anders. Nils entdeckte fröhlich pfeifende Menschen, die einander grüßten. Er beobachtete Frau Kosino, die für Enams Familie die U-Bahn-Tür aufhielt, obwohl sie sich schon oft über den Lärm der Kinder beschwert hatte. Er hörte, wie eine Fahrradfahrerin an einem Kiosk nachfragte, ob es dort auch Pflanzensamen zu kaufen gebe.

Natürlich waren all die neuen Pflanzen in seiner Stadt nicht annähernd so bunt, wie es Nils' Pflänzchen auf dem Boden der Tatsachen gewesen waren. Dennoch schien die Welt heute besonders farbenfroh zu sein. All die Blumen, die jetzt auf den Balkonen und Dächern der Stadt blühten, leisteten ganze Arbeit. Es war, als würden sie nicht nur die Autoabgase, sondern auch all den Hass und den Alltagsstress aufsaugen. So konnten sich neben der sauberen Luft und dem Duft der Blüten auch endlich mehr Glück, Liebe und Mitgefühl in der bunten Großstadt verbreiten.

Fragen über Fragen

„Treffen wir uns heute nach der Schule?" schrieb Zola in der letzten Schulstunde „auf ein Zettelchen und schob es ihrer Freundin Rebekka zu. Die Antwort kam sofort. „Kann nicht" entzifferte sie Rebekkas krakelige Handschrift. Zola wusste, was das bedeutete. Sie würde nicht weiter nachhaken. Sonst würde Rebekka beginnen, sich Ausreden auszudenken, und das konnte Zola nicht leiden. Sollte sie doch den Nachmittag mit ihren neuen Freundinnen verbringen.

Die beiden Mädchen kannten sich schon seit dem Kindergarten. Sie hielten zusammen wie

Pech und Schwefel. Sie waren unzertrennlich wie ein Nutellabrot, das einem aus der Hand rutschte, und der Boden, auf dem es kleben blieb. Aber seit dem Schulwechsel fühlte Zola sich, als fehlte ihr genau dieser Boden. Rebekka hatte ihr immer Halt gegeben. Sie war es gewesen, die in der Grundschule mit ihrer lauten, lustigen Art schnell einen Freundeskreis um sie aufgebaut hatte. Rebekka war es auch, die Zola immer vor anderen verteidigt hatte, wenn jemand etwas Blödes über sie gesagt hatte. Wenn ihr etwas nicht passte, sorgte sie dafür, dass es sich änderte. Im Gegensatz zu Zola sprach Rebekka immer aus, was sie dachte. Zola dagegen war ruhig. Sie beobachtete lieber, was geschah, als dass sie sich einmischte. Nie würde sie ihre Meinung einfach laut und ungefragt herausposaunen. Dafür war in ihrer Freundschaft Rebekka zuständig.

Manchmal wünschte Zola sich, ein bisschen wie Rebekka zu sein. Dann würde sie ihrer Freundin sagen, dass sie sich in letzter Zeit ganz schön verändert hatte, dass sie so manches Mal ganz schön gemein zu den anderen in der Klasse geworden war, die sie früher sofort verteidigt hätte.

Vielleicht würde sie ihr dann sogar sagen, dass ihr diese Veränderung ganz und gar nicht gefiel. Aber Zola war nicht wie Rebekka. Und so schluckte sie ihre Traurigkeit über die Veränderung ihrer Freundschaft eben runter.

Alles hatte mit dem Schulwechsel vor vier Wochen begonnen. Zola hatte sich riesig darüber gefreut, dass Rebekka und sie nicht nur in die gleiche Schule, sondern auch in die gleiche Klasse gingen. Aber dann hatte Rebekka sich mit Jule, Steph und Katha angefreundet. Die drei Mädchen kannten sich schon lange. Sie wohnten alle in derselben Straße, der Goethestraße. Als sie in die fünfte Klasse kamen, machten sie schnell klar, dass sie die „Goethe-Gang" waren. Sie hatten eigene Begrüßungsrituale und dachten sich ständig neue Geheimcodes aus, mit denen sie über die anderen lästerten.

Einmal hatte Zola all ihren Mut zusammengenommen und Steph ganz direkt gefragt, was das denn für ein Schokomuffin sei, über den die Mädchen in letzter Zeit öfter redeten. Natürlich wusste Zola ganz genau, dass es dabei um sie ging. Natürlich wusste sie auch, dass dieser Geheimcode mit ihrer Hautfarbe zu tun hatte. Am liebsten hätte sie den Mädchen laut und deutlich ihre Meinung gesagt: dass sie alles längst durchschaut hatte und dass sie es nicht lustig fand. Ganz im Gegenteil, sie sollten sie einfach in Ruhe lassen. Aber Zola war nicht Rebekka. Zola fiel es schwer, neue Freunde zu finden. Manchmal beobachtete sie die Goethe-Gang und wünschte sich dazuzugehören. Mal eine der Coolen zu sein. Sie war fest davon überzeugt, dass in jedem Menschen etwas Gutes steckte. Wahrscheinlich konnten auch Jule, Steph und Katha nett und hilfsbereit sein. Zu gerne würde Zola einmal diese Seite an ihnen kennenlernen. Anstatt ihre Meinung laut herauszuposaunen, meinte sie nur ganz ruhig: „Ich dachte schon, ich wäre damit gemeint. Aber ihr würdet euch ja bestimmt nicht so hässliche Codenamen für eure Mitschüler überlegen. Warum sollte man so was Gemeines auch machen? Außerdem, wenn ich ein Gebäck wäre, dann eher ein Stück Rhabarberkuchen: lecker süß, aber auch sauer!" Das letzte Wort hatte sie dabei besonders betont, um Steph darauf hinzuweisen, dass sie sauer auf diese Codenamen war. Natürlich wusste sie nicht, ob Steph ihre Botschaft wirklich verstanden hatte. Eine klare Ansage im Rebekka-Stil wäre sicher deutlicher gewesen. Immerhin hatte Zola seit diesem Tag keinen Codenamen mehr gehört.

Aber sie hatte nicht nur keinen Codenamen mehr gehört – sie hatte insgesamt kaum noch etwas von der Goethe-Gang mitbekommen. Kein Mitglied schien sich groß für Zola zu interessieren. Und auch Rebekka war in letzter Zeit immer häufiger mit der Clique unterwegs als mit ihr. Zola wusste, dass sie sich auch schon nach der Schule getroffen hatten. An einem Tag hatte sie Rebekka zufällig auf der Straße gesehen, wie sie gerade mit den anderen Mädchen der Goethe-Gang ins Kino ging. Das hatte ihr wirklich einen Stich versetzt. Aber sie wollte auch niemanden zwingen, mit ihr befreundet zu sein. Vielleicht würde Rebekka es irgendwann von selbst merken, dass die Goethe-Gang ihr nicht guttat, dass sie sich verändert hatte, dass sie ihre Sandkastenfreundin Zola vermisste. Vielleicht.

Aber Zola war es leid, die Pausen in den Toilettenräumen zu verbringen, um nicht allein auf dem Schulhof herumstehen zu müssen. Sie hatte sich schon immer schwer damit getan, auf neue Leute zuzugehen. Als sie vor einigen Jahren das erste Mal zum Turnen gegangen war und niemanden kannte, hatte sie in der großen Halle die ganze Stunde lang mit den Tränen gekämpft. Der ständige Kampf gegen den Kloß im Hals war anstrengender gewesen als jeder Handstand. Also beschloss sie, in den Pausen wieder dahin zu gehen, wo sie jemanden kannte: zu Rebekka.

„Will da etwa jemand Teil der Goethe-Gang werden?", spottete Jule, als Zola die dritte Pause mit den Mädchen verbracht hatte und sich dabei schrecklich überflüssig vorgekommen war. Aber wer weiß – vielleicht würde sich das ja ändern, wenn sie auch endlich zur Gruppe dazugehörte. Zögerlich nickte sie. „Soso. Was meint ihr, Mädels? Wollen wir hier einfach jeden reinlassen?" Jule blickte die anderen Mädchen verschwörerisch an. „So weit kommt's noch!", meinte Katha und kicherte. Rebekka blickte schnell zu Boden und schwieg. Zola tat es weh, ihre sonst so laute – und oft auch vorlaute – Freundin so still zu sehen.

„Also, bei uns können nur die Coolsten mitmachen!", fuhr Jule wichtigtuerisch fort. „Und dass man cool ist, muss man erst mal beweisen. Eigentlich können ja sowieso nur Leute aus der Goethestraße in die Goethe-Gang und keine Schnösel mit eigenem Haus, großem Pool und reichem Papi." Zola seufzte. Seit sich in der Klasse herumgesprochen hatte, dass sie in einer kleinen Villa am Stadtrand wohnte, hatte sich jeder ein Bild von ihr gemacht, ohne sie überhaupt zu kennen. Wahrscheinlich hielten sie sie für vollkommen eingebildet. Aber was konnte sie denn dafür, dass ihre Eltern reich waren? Sie selbst könnte gut auch ohne großes Haus mit Pool auskommen. Sie könnte mit ihren Eltern auch in einer kleinen Wohnung leben, wenn sie nur nicht dauernd auf Geschäftsreisen unterwegs wären. Aber es ging nun mal nicht nach ihr.

„Wie wär's mit einer Mutprobe? Dann könntest du beweisen, dass du doch cooler bist als gedacht." Jule schaute Zola herausfordernd in die Augen. Zola musste schlucken. Sie würde den Mädchen der Goethe-Gang gern beweisen, dass mehr in ihr steckte als ein verwöhntes Kind aus reichem Elternhaus. „Was müsste ich denn machen?", fragte sie leicht verunsichert. „Ach, es ist eigentlich ganz einfach. Du musst nur zu Beginn der nächsten Pause Nataschas Matheheft klauen, zu uns bringen und am Ende der Pause unbemerkt zurück in ihre Tasche stecken. Kriegst du das hin?"

Natascha war in der Klasse als Streberin bekannt. Sie erledigte ihre Hausaufgaben immer vollkommen fehlerfrei. Zola wusste von ihrem Vater, dass Natascha aber eigentlich ganz anders war. Nataschas Vater war Präsident in dem Golfclub, in dem auch Zolas Vater neuerdings Golf spielte. Dort hatte er mal erzählt, dass seine Tochter sich so gar nicht fürs Golfen interessierte und lieber Hip-Hop tanzte. Auch schien sie zu Hause nicht allzu viel Zeit mit Hausaufgaben zu verbringen, was ihren Vater beunruhigte. „Wie soll sie denn mal Anwältin werden, wenn sie keine Stunde ruhig an ihren Hausaufgaben sitzen kann?" Als Zolas Vater ihr von dem Gespräch erzählte, konnte sie es kaum fassen. Die stille

Einserschülerin Natascha tanzte Hip-Hop und verbrachte kaum Zeit mit ihren Schulaufgaben? Eigentlich hatte Zola sich danach ein Herz fassen und sie darauf ansprechen wollen. Aber dann hatte sie bemerkt, dass sie von der Goethe-Gang beobachtet wurde. Wenn sie jetzt auch noch freiwillig auf Natascha zugehen würde, wäre das der endgültige Beweis für die anderen Mädchen, dass Zola genauso uncool war wie Natascha.

„Traust dich wohl nicht, was?" Jule hatte Zolas Zögern bemerkt. „Doch. Ich frag mich nur, warum ich das machen soll", antwortete Zola mutig. „Wie, warum? Na, du willst doch bei uns mitmachen, oder etwa nicht? Davon reden wir doch die ganze Zeit!" Jule wurde allmählich ungeduldig. „Ja, schon. Ich meine ja nur: Habt ihr die Mathehausaufgaben nicht gemacht, oder worum geht's euch wirklich?", hakte Zola weiter nach. „Ach so, ja.

Coole Leute machen halt nicht immer ihre Hausaufgaben. Aber das kannst du ja nicht wissen", gab Steph mit einem breiten Grinsen zur Antwort. „Was wollt ihr später eigentlich mal werden?", fragte Zola daraufhin noch mutiger in die Runde. „Was soll denn das jetzt werden? Ein Verhör, oder was?" Jule war mittlerweile sichtlich genervt. Aber Katha antwortete, ohne zu zögern: „Ich möchte Architektin werden. Dann plane ich Häuser, die sich im Kreis drehen können. Mit ausfahrbaren Pools und Sonnendecks. Irgendwas total Cooles eben!" Kathas Augen strahlten, als sie von ihrem Traum erzählte. „Und als Architektin brauchst du kein Mathe, oder wie?" Zola bohrte weiter nach. Sie beobachtete, wie sich etwas in Kathas Mimik veränderte. Ihr sonst so spöttischer Gesichtsausdruck wich einem nachdenklichen Blick. „Na ja, aber da braucht man bestimmt nur die Sachen, die man in der Oberstufe lernt", versuchte sie sich herauszureden. „Und wie versteht man in der Oberstufe die schwierigen Sachen, wenn man schon bei den Grundlagen nicht aufpasst?" Zola ließ nicht locker. „Boah, Zola! Nun hör doch auf, uns vollzulabern! Ich wusste, dass du einfach

nicht cool genug bist, um bei uns mitzumachen!",
mischte sich Jule wieder ins Gespräch ein. „Aber
eigentlich hat sie doch recht, Jule. Vielleicht ist es
echt nicht so schlau, die Hausaufgaben immer von
anderen abzuschreiben", murmelte Katha klein-
laut.

Wenn Blicke töten könnten, wäre Zola in diesem
Moment mit Sicherheit tot umgefallen. Trotzdem
machte sie weiter. Sie spürte, dass sie etwas bewirken konnte, ganz ohne laut und energisch
werden zu müssen. „Und wieso eigentlich bei Natascha?", setzte sie ihre Fragerunde fort. „Na, weil
sie nun mal eine echte Streberin ist. Die macht
doch garantiert den ganzen Tag nichts anderes
als Hausaufgaben", antwortete Jule schnippisch.
Sie versuchte krampfhaft, die anderen Mädchen
der Goethe-Gang zum Lachen zu bringen. Aber
Steph, Katha und Rebekka reagierten nicht mehr
auf Jules Bemerkungen. Sie warteten nur darauf,
welche schlaue Frage Zola ihnen als Nächstes
stellen würde. „Und das machen coole Leute natürlich nicht, is' klar. Coole Leute verbringen nur
wenig Zeit mit ihren Hausaufgaben, 'ne? Und
coole Leute verbringen ihre Zeit lieber mit Tanzen,

oder?", wandte Zola sich jetzt direkt an Steph. Seit Steph auf dem Schulhof mal ein paar Schritte vorgetanzt hatte, wusste Zola, dass sie Garde tanzte. „Ja, genau", stimmte die ihr sofort zu.

„Natascha, komm doch mal her", rief Zola dem Mädchen zu, das gerade allein über den Schulhof schlenderte und in ihren Apfel biss. Bevor Jule oder die anderen Mädchen der Goethe-Gang etwas sagen konnten, sprach sie schnell weiter. „Wir haben gerade darüber geredet, dass es ganz schön cool ist, dass du Hip-Hop tanzt. Und dass du so wenig für die Schule machen musst und trotzdem so gute Noten schreibst!", erklärte sie Natascha, die inzwischen näher gekommen war. Die Überraschung stand allen groß in ihre Gesichter geschrieben. Natascha, die zum ersten Mal von der Goethe-Gang beachtet wurde, schaute genauso verdutzt drein wie die anderen Mädchen, die jetzt erst verstanden, worauf Zola hinauswollte. „Ach, und wo du gerade hier stehst, meinst du, du könntest uns in der zweiten Pause die Mathehausaufgaben erklären?", fragte Zola Natascha freundlich. Die nickte tonlos und wusste immer noch nicht recht, was sie zu alldem sagen sollte.

"Egal, ob laut oder
leise – du kannst immer
etwas bewirken!"

Als der Gong das Ende der Pause einläutete, trotteten die Mädchen schweigsam in Richtung Klassenzimmer. Alle dachten über das nach, was sie gerade in der Pause erlebt hatten. Jule musste erst einmal verkraften, dass jemand sie so direkt hinterfragt hatte. Steph und Katha bekamen Zweifel, ob die Goethe-Gang überhaupt so cool war, wie sie immer geglaubt hatten. Rebekka dachte über ihre Freundschaft mit Zola nach. Wieso hatte sie ihre beste Freundin aus Sandkastentagen nur so vernachlässigt? Und Zola? Zola war zum ersten Mal richtig über sich hinausgewachsen. So viel wie in dieser Pause hatte sie im gesamten Schuljahr noch nicht mit ihren Mitschülerinnen gesprochen. Heute war sie ein ganzes Stück selbstbewusster geworden und darauf war sie ganz schön stolz.

In den nächsten Tagen veränderte sich einiges in der Klasse. Die Begriffe „Goethe-Gang" und „Streberin" verschwanden dahin, wohin auch schon der „Schokomuffin" verschwunden war. Niemand benutzte mehr diese Begriffe. Das Gegeneinander löste sich auf und wich immer mehr einem Wir-Gefühl, das den Zusammenhalt innerhalb der Klasse stärkte. Selbst Jule hatte eingesehen, dass es Vorteile hatte, sich nicht mehr über andere lustig zu machen. Und mit Natascha hatte sie endlich jemanden gefunden, der ihr geduldig selbst die schwierigsten Matheaufgaben erklären konnte.

In den Pausen tanzten Steph und Natascha auf dem Schulhof manchmal zusammen einen ungewöhnlichen Tanz. Steph präsentierte ihre schwierigen Garde-Schritte, während Natascha sich zu ihren Füßen spontan ein paar Breakdance-Moves ausdachte. Die umstehenden Kinder bewunderten die Tanzeinlagen der beiden. Sie mussten zugeben, das hatte was. Die Mischung der verschiedenen Stilrichtungen ergab etwas Besonderes, etwas Einzigartiges. Und so war es auch in der Klasse. So richtig spannend und lustig wurde es in der Schule doch erst, weil alle Kinder unterschiedliche Talente hatten und sich dadurch wunderbar ergänzten. Das, was sie anfangs voneinander unterschied, brachte sie im Laufe der Zeit näher zusammen. Jeder konnte so sein, wie er war, und am Ende hielten sie alle zusammen – denn das machte schließlich eine starke Klasse aus. Und die ruhige Zola hatte mit ihren schlauen und mutigen Fragen einen großen Anteil daran.

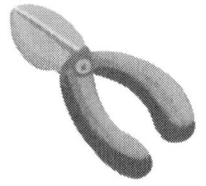

Leons kleines Wut-Mut-Missgeschick

Es war ein verregneter Samstagnachmittag, als Leon das schwere Garagentor mit seiner ganzen Kraft aufstemmte. Sofort schlug ihm der leicht muffige, aber bestens vertraute Geruch entgegen. Es roch nach Holz, alter Farbe und ein klitzekleines bisschen noch nach Oma Frieda. Oma Frieda hatte seit ihrer Rente jede freie Minute in ihrer Garage verbracht. Sie hatte dort allerlei nützliche Dinge gebastelt, zum Beispiel einen Eierbecher, der mit einem kleinen Hebelärmchen das Ei köpfte, sobald man es hineinstellte. Das war besonders praktisch, wenn das Ei noch zu heiß war, um es anfassen zu können, fand Leon. „Dinge, die die Welt nicht braucht" fanden seine Eltern.

Leon hatte viel Zeit mit Oma Frieda in ihrer Bastelgarage verbracht. Und auch jetzt, zwei Monate nach ihrem Tod, kam er immer noch regelmäßig her. Hier war er ganz ungestört, konnte in Ruhe an Oma Frieda denken und sich zugleich neue Projekte überlegen. Er mochte es, stundenlang in den Regalen und Kisten zu wühlen und so auf neue Ideen zu kommen. Heute wollte er sich ein Regal vornehmen, das er bisher weitestgehend unbeachtet gelassen hatte. Plötzlich fiel ihm etwas ins Auge: ein Blinken! Schnell räumte er alles zur Seite, was ihm die Sicht versperrte. Als er den letzten schweren Werkzeugkoffer beiseitegeschoben hatte, traute er seinen Augen nicht. Was ihn dort anblinkte, war nichts anderes als ein Roboter! Er war etwa einen halben Meter groß und hatte einen weißen Ball mit aufgemaltem Gesicht als Kopf, aus dessen oberem Ende allerlei Kabel und Drähte wucherten. So sah es aus, als hätte der Roboter Haare. Einige der

Kabel führten zu dem kleinen, grünen Lämpchen, das Leon angeblinkt hatte. Die Arme und Beine bestanden aus alten Rohren und der Bauch war aus einem weichen Kissen genäht worden. Viel zu große Baseball-Handschuhe dienten ihm als Hände und die Füße steckten in einem Paar von Leons alten Turnschuhen. Durch den gesamten Körper des Roboters liefen Kabel und Drähte, wie Leon mit einem vorsichtigen Blick in seine alten Schuhe feststellte. Vor den Bauch des Roboters hatte Oma Frieda ihr altes Tablet geschnallt und angeschlossen.

Ob der Roboter wohl funktionierte? Aufgeregt suchte Leon nach einem Knopf, fand aber nichts. Also schaltete er das Tablet ein und siehe da – eine metallisch klingende Stimme ertönte: „Hallo Leon. Wie geht es dir heute?" „Ähm … gut", antwortete Leon mit zittriger Stimme. Er spürte die Unsicherheit in sich aufsteigen, die ihn in der letzten Zeit des Öfteren übermannte. Manchmal kam es ihm vor, als hätte seine Oma, als sie starb, all seinen Mut mit sich genommen. Er hasste das Gefühl, nicht weiterzuwissen und einer Situation oder – noch schlimmer – seiner eigenen Angst ausgeliefert zu sein. Er hatte festgestellt, dass zusammen mit seiner Unsicherheit oft noch Wut in ihm hochkroch: eine Wut auf sich selbst, weil er wieder einmal eine Situation nicht im Griff hatte.

Nachdem Leon sich vom ersten Schock erholt hatte, entdeckte er einen kleinen Zettel, der aus einem der viel zu großen Handschuhe herausragte. „Anleitung" stand in der geschwungenen Handschrift seiner Oma darauf geschrieben. Das war doch schon mal was! Er las den Zettel aufmerksam durch. Darauf stand, dass man den Roboter über die Tastatur am Tablet nach eigenen Wünschen programmieren konnte. Leon überlegte kurz und beschloss dann, einen Versuch zu wagen. Vielleicht konnte er dem Roboter „Mut" einprogrammieren und ihn in Zukunft in Situationen einsetzen, in denen er selbst Angst hatte!

Als Erstes musste er einen Knopf auf der Unterseite eines Turnschuhes drücken. Vorsichtig drehte Leon den Roboter auf den Kopf. Zu seiner Überraschung schien das Konstrukt stabiler zu sein, als es aussah. Nachdem er den Knopf gedrückt hatte, erschien die Tastatur auf dem Tablet. Die Buchstaben standen natürlich genauso

"Du bist mutig und stark!"

auf dem Kopf wie der Roboter, aber Leon wollte keine Zeit mehr verlieren und tippte etwas zu schnell die Buchstaben M-U-T ein. Sofort begann der Roboter, mit seinen Rohrarmen um sich zu schlagen. Vor lauter Schreck ließ Leon ihn fallen, aber er landete weich auf seinem Kissenbauch. Was dann geschah, brachte Leon dazu, entsetzt drei Schritte zurückzuweichen. Der Roboter fegte mit seinen riesigen Baseball-Handschuhen allerlei Werkzeuge aus den Regalen, die laut scheppernd zu Boden fielen. Anschließend stampfte er wild zwischen ihnen umher und fluchte vor sich hin. Auf dem Tablet leuchtete in großen, roten Buchstaben immer wieder das Wort „Wut" auf. Leon musste statt „Mut" in seiner Aufregung „Wut" eingestellt haben! Nach mehreren Versuchen gelang es ihm schließlich, das Tablet wieder auszuschalten. Der Roboter sank regungslos auf dem Boden zusammen.

In den nächsten Tagen musste Leon immerzu an den Roboter denken. Oma Frieda hatte ihn geheim gehalten, also beschloss auch er, seiner Familie nichts von seiner seltsamen Entdeckung zu erzählen. Doch irgendwie musste er herausfinden, wie er den WUT-Modus in einen MUT-Modus verwandeln konnte. Aber wie sollte er das schaffen, ohne dabei sein Geheimnis zu verraten. Es half nichts, den Knopf am Turnschuh erneut zu drücken – das hatte er schon ausprobiert. Nachdem er drei Tage darüber nachgedacht hatte und immer noch zu keinem Ergebnis gekommen war, beschloss er, sich Hilfe zu holen.

„Mama? Wie kann man mutig werden, wenn man gerade wütend ist?", fragte er seine Mutter am Nachmittag, als sie in ihrem Sessel saß und ein Buch las. Verwirrt blickte seine Mutter ihn über ihre Lesebrille hinweg an. Einen Moment lang schien sie zu überlegen, ob sie nachfragen sollte, warum er das wissen wolle, aber sie bohrte nicht weiter nach. „Gute Frage", murmelte sie. „Wut ist wie kochendes Wasser in einem geschlossenen, etwas zu vollen Topf. Irgendwann kocht es einfach über. Da kannst du machen, was du willst", antwortete sie schließlich und wendete sich wieder ihrem Buch zu. Leon lief in sein Zimmer und kramte zwischen seinen Heften und Büchern, die wild auf seinem Schreibtisch verstreut lagen, ein Blatt Papier und einen Stift hervor. Er überlegte kurz. „Wut ausleben (Topf kocht sowieso über)" schrieb er darauf.

Als Nächstes ging Leon zu seinem Vater in die Küche. „Papa? Wie kann man aus Wut Mut machen?", platzte er direkt mit seiner Frage heraus. „Wieso willst du das denn wissen?", hakte sein Vater sofort nach. „Ach, für meine Hausaufgaben", flunkerte Leon und hoffte, dass keine weiteren Nachfragen kommen würden. „Ach so. Hm!" Gedankenverloren rührte sein Vater im brodelnden Nudeltopf. „Wut ist nichts anderes als Energie, die genutzt werden will", überlegte er. „Und wie man Wut in Mut verwandelt? Ich glaube, das passiert manchmal ganz automatisch. Zum Beispiel wenn man in eine Situation gerät, in der man wütend darüber ist, dass jemand ungerecht behandelt wird, und man sich deshalb traut einzugreifen." Leons Vater schien ganz zufrieden mit seiner Antwort zu sein, denn er nickte noch zweimal in Richtung Nudeltopf, murmelte noch ein „Ja" und schwieg dann wieder. Leon lief schnell in sein Zimmer, um ja nichts zu vergessen. „Wut einsetzen (Wie? Vielleicht Sport?)" schrieb er auf seinen Zettel. Er erinnerte sich, dass es ihm manchmal half, etwas zu basteln, zu erfinden oder zu gestalten, wenn er wütend war, und ergänzte „Oder was basteln?" auf seiner Liste. Darunter kritzelte er noch „Umwandlung Wut – Mut automatisch? Einfach abwarten?".

Am nächsten Tag wollte er seine Lehrerin um Hilfe bitten. Sein Herz klopfte, als er nach der Stunde auf Frau Richter wartete. Normalerweise mochte er es nicht, allein mit einem Lehrer zu sprechen, aber heute war es schließlich wichtig. Nachdem Frau Richter einige Fragen gestellt und Leon sich drucksend einen Freund ausgedacht hatte, der ein Wutproblem habe, antwortete sie schließlich: „Ich glaube, mutig wird man nur, wenn man genau das tut, wovor man Angst hat. Das ist das Wichtigste: Die eigene Angst ernst zu nehmen, aber sich von ihr trotzdem nicht von dem abhalten zu lassen, was einem wichtig ist. Und Wut? Na ja, bei der Wut sollte man mal schauen, was sich dahinter verbirgt. Oft ist man gar nicht nur wütend. Meistens versteckt sich hinter der Wut ein ganz anderes Gefühl. Zum Beispiel das Gefühl, traurig oder enttäuscht zu sein. Das kann man ganz gut rausfinden, indem man darüber spricht. Dein Freund kann sich da gern auch an mich oder andere Lehrer wenden ...“ Das Wort „Freund“ betonte sie so, als wäre ihr völlig klar, dass Leon das alles für sich selbst erfragte. Mit einem schnellen „Danke“ verließ er fluchtartig den Raum, bevor die Situation noch unangenehmer für ihn wurde. „Sich der Angst stellen“ notierte er auf seinen Zettel, den er immer bei sich trug. „Drüber reden und andere Gefühle suchen“ ergänzte er fein säuberlich darunter. Seine Liste füllte sich. Vielleicht sollte er allmählich einen Versuch wagen, all diese Ideen mit dem kleinen, wütenden Roboter umzusetzen.

Als Leon den Roboter an diesem Tag herzklopfend einschaltete, ging das Gestampfe, Gehaue und Gefluche sofort wieder los. Er wich zwar wieder einige Schritte zurück, aber er schaltete den Roboter nicht sofort aus. Auch wenn ihm das Herz bis zum Hals klopfte und er am liebsten die Flucht ergriffen hätte, wartete er einfach ab. Nichts geschah. Der Roboter wütete unbeirrt weiter. Die Wut auszuleben, schien dem kleinen Wesen nicht zu helfen. Genauso wenig wollte sich die Wut automatisch in Mut verwandeln. Schade! Leon beschloss, die Wut-Energie des Roboters für etwas Gutes zu nutzen. Er streckte seine Arme, so weit er konnte, von seinem Körper weg und hob den zappelnden Roboter vorsichtig auf seine Werkbank, wo er damit begonnen hatte, Holz für einen Stuhl zu schleifen. Er drückte dem Roboter Schleifpapier in die Handschuhe. „Jetzt kannst du dich abreagieren und dabei das Holz schön weich schleifen", erklärte er. Zu seinem Erstaunen schien der Roboter ihn zu verstehen. Wild schrubbte er mit dem Schleifpapier über das Holz. Leon hatte ein paar Bedenken, ob am Ende überhaupt noch genug Holz übrig bleiben würde, so fest wie der Roboter es abschliff. Nach einer gefühlten Ewigkeit nahm Leon ihm vorsichtig das Schleifpapier weg. Ob sich etwas verändert hatte? Fehlanzeige! Der Roboter begann sofort, auf dem Holzbrett herumzustampfen.

Jetzt blieb nur noch das, was Frau Richter gesagt hatte, auf seiner Liste übrig. Leon dachte nach. Er hatte den Roboter ja mutig machen wollen, damit dieser ihm in Momenten, in denen er Angst hatte, helfen konnte. Also musste sich der Roboter vielleicht auch genau diesen Ängsten stellen, um endlich mutig zu werden. Fieberhaft überlegte Leon weiter, welche Aufgabe er dem Roboter stellen konnte. Da fiel ihm etwas ein. Er hatte Angst davor, allein zu Hause zu bleiben. In Omas Bastel-Garage fühlte er sich sicher. Hier hatte er das Gefühl, dass Oma Frieda immer noch auf ihn aufpasste. Aber in dem großen Haus seiner Eltern allein zu bleiben, ganz ohne Mama und Papa, das war etwas anderes. Morgen war wieder einer dieser Tage, an dem seine Eltern mit ihm das Alleinsein üben wollten. Er beschloss, den Roboter mitzunehmen.

„Nur eine Stunde? Kein Problem, tschüss!", rief Leon seinen Eltern am nächsten Tag hinterher. Kaum hatte sich die Tür geschlossen, spürte er bereits die verhasste Unsicherheit in sich hoch-kriechen. Vielleicht war es sogar Angst – auch wenn er das niemals zugeben würde. Aber darauf konnte er jetzt keine Rücksicht nehmen, er hatte schließlich etwas vor. Er holte den Roboter, schal-tete ihn ein und ging für einen Moment aus dem

Zimmer, damit der Roboter auch wirklich ganz allein war. Als Leon den Krach aus seinem Zimmer hörte, hastete er schnell zurück. Es schien nichts zu bringen, den Roboter dieser Situation auszusetzen. Jetzt stand nur noch eine einzige Sache auf seiner Liste: reden. „Also ... Wieso bist du denn so wütend?", begann Leon ein Gespräch und hoffte inständig, dass seine Eltern nicht in diesem Moment wiederkommen würden. „WUT, WUT, WUT" leuchtete weiterhin auf dem Display des Tablets. „Bist du vielleicht ... traurig?", versuchte er es erneut. Nichts geschah.

Nun hatte Leon alle Möglichkeiten auf seiner Liste ausprobiert. Nichts hatte bislang geholfen. Aber seltsamerweise war er weniger frustriert, als er es vermutet hätte. Natürlich! Er war kurz ein kleines bisschen wütend darüber gewesen, dass er es nicht geschafft hatte. Aber wenn er ganz ehrlich zu sich selbst war, spürte er noch etwas anderes, ein Gefühl, das leiser, aber zugleich stechender war als die Wut. Das Gefühl der Trauer und Enttäuschung. Zum ersten Mal seit dem Tod seiner Oma wurde Leon klar, wie sehr er sie vermisste. Er hatte gehofft, mit dem Roboter ein Andenken an sie zu haben, das ihn in seinem Leben weiter begleiten würde. Als ihm das bewusst wurde, packte er den inzwischen wieder ausgeschalteten Roboter und stellte ihn mitten auf die Kommode in seinem Zimmer. Es spielte doch keine Rolle, ob und wie er funktionierte – er war so oder so ein Andenken an Oma Friedas verrückte Bastelideen. Vielleicht ist es sogar gut, dass er so ganz anders ist, dachte Leon plötzlich mit einem Schmunzeln. Oma Friedas Bastelprojekte hatten schließlich auch meistens ganz anders geendet als ursprünglich geplant.

Als seine Eltern nach genau einer Stunde wieder nach Hause kamen, zeigte Leon ihnen den Roboter und erzählte die abenteuerliche Geschichte. An diesem Nachmittag saßen sie noch eine Weile in seinem Zimmer beisammen und unterhielten sich über die verrückten Erlebnisse mit Oma Frieda. Am Ende wollte Leons Papa wissen: „Wieso wolltest du überhaupt einen Mut-Roboter? Du hast es doch ganz allein geschafft, deine Angst vor dem Alleinbleiben zu überwinden!" „Stimmt!", rief Leon überrascht. Er hatte gar nicht bemerkt, dass er sich ganz nebenbei seiner Angst gestellt hatte.

Und da wusste er: Auch wenn er es nicht geschafft hatte, den Roboter mutig zu machen, so hatte dieser seinen Zweck dennoch erfüllt. Leon war ein ganzes Stück mutiger geworden und hatte auch einen Blick hinter seine Wut gewagt. Aber was noch viel besser war: Seine Familie schien sich an diesem Nachmittag wieder näher zu sein als in all den Wochen zuvor. „Na, das war doch mal eine gelungene Erfindung von Oma Frieda", scherzte Leons Mama schließlich mit einem Augenzwinkern. Lachend stimmten Leon und sein Papa zu.

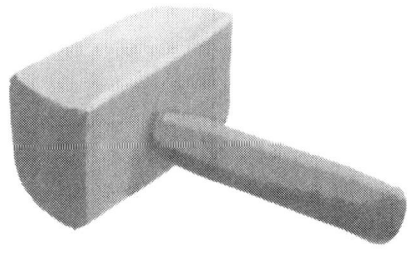

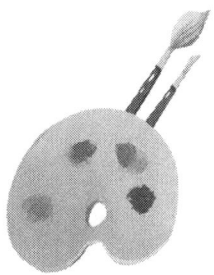

Von unvergleichlichen Stärken und schwachen Vergleichen

Als Anisa die Klassenzimmertür hinter sich schloss, schlug ihr kühle Luft entgegen. Der angenehm frische Windhauch der Eingangstür zerzauste ihre langen braunen Haare. Im Klassenraum war es warm und stickig gewesen, als hätten die Köpfe der anderen Kinder wortwörtlich geraucht. Sie atmete tief ein und aus.

Das war es also gewesen. Für diesen Moment hatte Anisa die letzten Wochen jeden Tag gelernt. Sie wusste nicht, ob sie erleichtert oder enttäuscht sein sollte. Einerseits war es endlich vorbei. Heute würde sie ihren ersten mathefreien Nachmittag seit Langem verbringen. Andererseits war die Arbeit nicht gerade gut gelaufen. Es war wie verhext. Egal, wie viel Anisa für eine Mathearbeit lernte, sie hatte noch nie eine bessere Note als eine Drei bekommen. Ganz im Gegensatz zu Marleen, bei der eine Drei im Zeugnis noch nie vorgekommen war. Anisa hatte nicht die leiseste Ahnung, wie ihre Freundin das anstellte.

Sie schaute sich um. In dem schmalen Gang vor dem Klassenzimmer wuselten ihre Mitschüler umher, die ihre Arbeit bereits abgegeben hatten. Zweimal hatte Herr Triborg die Klassenzimmertür bereits geöffnet und ihnen zugeraunt: „Pscht! Die anderen wollen noch in Ruhe fertig schreiben!" Aber es half nichts. Die Energie, die sich in den Kindern angestaut hatte, ließ sich nicht mehr zurückhalten.

Da drüben war Marleen! Sie stand lässig an die Wand gelehnt und schaute auf ihr Handy. Dass im Schulgebäude eigentlich Handyverbot herrschte, interessierte sie genauso wenig wie die Tatsache, dass sie mit der dreckigen Schuhsohle ihrer ausgelatschten Turnschuhe gerade einen dunklen Abdruck an der Wand hinterlassen hatte. Als sie Anisa erblickte, steckte sie ihr Handy in die Hosentasche ihrer schwarz-rot karierten Latzhose. „Und, wie war's?", fragte sie. Anisa seufzte. „Geht so. Und bei dir?" „Ganz okay." „Marleen! Du hast doch am Ende sowieso wieder eine Eins! Gib doch gleich zu, dass es gut lief!", mischte sich eine dritte Stimme in das Gespräch der Mädchen ein.

Romy war inzwischen ebenfalls aus dem Klassenraum gekommen und zielstrebig auf Anisa und Marleen zugesteuert. Die drei waren seit Jahren die besten Freundinnen. Trotzdem ärgerte sich Romy manchmal darüber, wie Marleen ihre Leistungen herunterspielte oder falsch einschätzte. Jeder in der Klasse wusste, dass Marleen fast in jedem Fach zu den Klassenbesten gehörte. Nur Marleen selbst schien das alles nicht im Geringsten zu interessieren. „Noten sagen doch sowieso nichts aus", behauptete sie manchmal. „Das sind einfach nur Zahlen. Und Zahlen können nun mal nicht sprechen", erklärte sie dann. Aus diesem Grund wartete Marleen oft nach dem Unterricht noch auf ihre Lehrer, um mit ihnen über ihre Noten zu reden. Nicht, weil die Noten an sich sie interessiert hätten, nein. Vielmehr interessierte sie, was sich ihre Lehrer dabei gedacht hatten, ihr diese Note zu geben. Was sie gut gemacht hatte, was sie noch verbessern konnte. Gerade nach dem Kunstunterricht verbrachte Marleen manchmal ganze Pausen damit, mit ihrem Lehrer über ihre Projekte zu reden. Für Marleen war der Kunstunterricht das Beste an einer Schulwoche. Auch in ihrer Freizeit verbrachte sie viel Zeit an ihrer großen Staffelei in ihrem Zimmer. Seit sie denken konnte, malte sie alles, was sie sah – vor ihrem äußeren und inneren Auge. Sie liebte den Geruch von frisch angebrochenen Acrylfarben, das Ansetzen eines Bleistifts auf ein noch leeres Blatt Papier und die Suche nach Motiven für ein außergewöhnliches Foto. Der Spaß an dem, was sie tat, und die ausgiebige Meinung ihres Kunstlehrers waren für Marleen wichtiger als jede Note.

„Mal abwarten. Wahrscheinlich fallen eure Arbeiten auch besser aus, als ihr denkt", antwortete Marleen auf Romys Einwand. Für sie war das Thema damit erledigt. Und auch Romy und Anisa sprachen an diesem Tag nicht weiter über die Mathearbeit. Sie waren froh, als die Schulglocke endlich das Ende des Schultags einläutete und sie die schriftliche Prüfung vergessen konnten. An diesem Wochenende hatten sie schließlich etwas Besonderes vor und wollten keinen Gedanken mehr an die Schule verschwenden.

Am Samstagmorgen trafen sich die Mädchen bereits früh auf dem Platz, an dem der heutige Wettkampf stattfand. Normalerweise würden sie alle um diese Zeit noch schlafen – aber nicht heute. „Gelb, gelb, gelb." Angespannt starrte Romy auf die Zielscheibe, die in einiger Entfernung auf einen Heuballen gespannt war. Ihre Augen formten sich zu Schlitzen. „Gelb, gelb, gelb." Langsam spannte sie die Sehne ihres Bogens. Für einen kurzen Moment übertrug sich das aufgeregte Zittern ihrer Muskeln auf die Sehne und ihr Pfeil wackelte. Die anfeuernden Rufe der Zuschauer verstummten. Vielleicht nahm Romy sie aber auch einfach nicht mehr wahr. Das Einzige, was sie in diesem Moment sah, und das Einzige, woran sie dachte, war: „gelb, gelb, gelb." Romy atmete tief ein und aus. Zusammen mit ihrem Atem verlangsamte sich auch ihr Herzschlag. Ihre rechte Hand lag nun ruhig an dem Pfeil, der nur darauf zu warten schien, die Zielscheibe zu durchbohren. Jetzt oder nie. Romy kniff ihr linkes Auge zu, prüfte ein letztes Mal die Ausrichtung ihres Pfeils und ließ die Sehne los. Sofort konnte sie spüren, wie sich ihre Muskeln entspannten und die Anspannung von ihr abfiel. „Super, Romy!", hallte Marleens aufgeregte Stimme über den Platz. Auch wenn Anisa und Marleen aus Sicherheitsgründen nicht in die Nähe der Bogenschützen kommen durften, hatten sie sich durch die wartenden Freunde und Familienangehörigen bis ganz nach vorne zu dem Zaun vorgedrängelt. Marleens Stimme war unüberhörbar. „Tor!", rief sie laut über den Platz, als Romys Pfeil sich genau in die Mitte des gelben Kreises bohrte. Ein leises Lachen ging durch die Zuschauerreihen. Wahrscheinlich fragten sich die

Leute, wer sich wohl in der Sportart geirrt und eigentlich ein Fußballspiel erwartet hatte. Auch Romy musste grinsen. Typisch Marleen! Marleen war zwar einen ganzen Kopf kleiner als sie, aber trotzdem unübersehbar. Oder eben unüberhörbar. Selbst die Kampfrichterin drehte sich kurz verwundert um, bevor sie Romys Punktzahl notierte und ihr anerkennend zunickte. Romy hatte die bestmögliche Punktzahl erzielt. Sie war mit ihren neun Jahren die jüngste Teilnehmerin in der U12-Altersklasse – und zugleich die beste.

„Du warst der Hammer!", rief Marleen Romy schon von Weitem zu, als sich die drei nach dem Wettkampf auf der anderen Seite des Zauns wieder trafen. „Na ja, so schwer war das gar nicht", winkte Romy ab. „Natürlich war das schwer! Weißt du noch, wie ich einmal versucht habe, die Zielscheibe zu treffen, und kläglich gescheitert bin? Und jetzt waren auch noch jede Menge anderer Kinder dabei, die alle älter waren als du. Steh doch mal zu deinem Talent!", platzte es aus Marleen heraus. In ihrer Stimme schwang ein Hauch von Neid mit, den sie nicht verbergen konnte. „Ach, und das sagt ausgerechnet Miss

Superschlau, die überall Einsen schreibt, als wär's das Selbstverständlichste der Welt!", antwortete Romy schnippisch.

Anisa blickte schweigend von Marleen zu Romy und von Romy zu Marleen. Im Gegensatz zu ihren aufbrausenden Freundinnen war sie selbst eher ruhig. In der Klasse meldete sie sich selten zu Wort – aber wenn, dann hatte sie auch etwas zu sagen. Als die Mädchen sich in der ersten Klasse kennenlernten, hatten Romy und Marleen schnell herausgefunden, dass es immer einen Sinn ergab, Anisa nach ihrer Meinung zu fragen. Ganz egal, ob es um einen Streit zwischen Freundinnen oder um ungerechte Behandlungen durch Lehrer ging, Anisa wusste immer einen klugen Rat. Und nicht nur das! Mit ihrem ruhigen, einfühlsamen Blick und ihren immer freundlichen Worten vermittelte sie jedem schnell das Gefühl, ihr vertrauen zu können. Gut möglich, dass Anisa inzwischen bereits von jedem in ihrer Klasse ein Geheimnis kannte – sie würde es nie verraten.

Auch jetzt, als sie ihre Freundinnen beobachtete, wusste sie, was hinter dem plötzlich aufgeflammten Streit steckte. Anisa hatte längst bemerkt, dass sich nach dem Schulwechsel ganz langsam etwas verändert hatte. Immer mehr ging es darum, wer der oder die Coolste in der Klasse war, wer die besten Noten hatte, wer am beliebtesten war. Kein Tag in der Schule verging ohne die ständigen Vergleiche von Noten, Kleidung, Freunden, Klicks und Likes.

Einmal hatte Romy Anisa auf dem Schulweg gebeichtet, dass sie ein wenig neidisch auf Marleens künstlerische Begabung und ihre Ideen war – ganz zu schweigen von ihren guten Noten. Egal, was Marleen in die Hände nahm, sie schien alles in ein Kunstwerk zu verwandeln. Sie bemalte ihre Hefte mit kunstvollen Schnörkeln, entwarf zu jedem Thema die schönsten Plakate und hatte immer die kreativsten Fotos auf Instagram.

Und eben gerade, als die Mädchen gespannt Romys Wettkampf verfolgten, hatte auch Marleen zugegeben, ein bisschen eifersüchtig zu sein. Romy war einfach eine Sportskanone. Sie war schlank und durchtrainiert – kein Wunder bei ihrem wöchentlichen Sportprogramm. Montags Karate, mittwochs Tanzen und seit Kurzem hatte sie auch noch das Bogenschießen für sich entdeckt. Obwohl sie erst seit wenigen Wochen trainierte, hatte sie sich mit einer Selbstverständlichkeit für den Wettkampf qualifiziert, als hätte sie nie etwas anderes gemacht. Und jetzt hatte sie auch noch direkt gewonnen! Marleen dagegen stolperte schon bei dem Versuch, im Sportunterricht den Ball an einen Mitspieler zu passen, über ihre eigenen Füße. Manchmal wünschte sie sich, auch so sportlich wie Romy zu sein.

Und Anisa? Anisa hörte zu. Sie hatte die Gabe, dass sich jeder nach einem Gespräch mit ihr besser fühlte, ganz egal, wie viel – oder wie wenig – sie zu allem gesagt hatte. Vielleicht lag es daran, dass sie nie über jemanden urteilte. Vielleicht lag es aber auch daran, dass sie alles und jeden verstehen konnte. Und so konnte sie natürlich auch die Gedanken ihrer beiden besten Freundinnen nachvollziehen. Sie verstand, dass man Marleen um ihre Kreativität beneiden konnte. Sie

"Du kannst mehr,
als du denkst!"

verstand, dass Romys Sportlichkeit durchaus beachtlich war. Aber vor allem verstand Anisa, dass ihre beiden Freundinnen jeweils ein besonderes Talent hatten, auf das sie stolz sein konnten.

„Mädels, wisst ihr was?", unterbrach sie das angespannte Schweigen. „Eure ständigen Vergleiche nerven! Marleen hat recht", wandte sie sich an Romy. „Dein Wettkampf war wirklich der Hammer! Du hast allen Grund, dich darüber zu freuen! Aber Romy hat auch recht", fuhr sie fort, während sie sich zu Marleen drehte. „Deine Bilder sind super schön und profimäßig. Da kannst du genauso stolz drauf sein!" Marleen und Romy schauten ihre sonst so ruhige Freundin überrascht an. Es kam selten vor, dass Anisa so viel am Stück redete, geschweige denn, dass sie jemanden zurechtwies. Aber Anisa war noch nicht fertig. „Ihr habt beide so ein tolles Talent! Seid doch mal dankbar dafür, statt euch die ganze Zeit ein anderes zu wünschen! Immerhin gibt es auch Leute, die gar keins haben." Sie verstummte. Menschen wie mich zum Beispiel, fügte sie in Gedanken hinzu. Manchmal hatte Anisa das Gefühl, dass die ständigen Vergleiche und der Neid auch auf sie abfärbten. Sie war stolz auf ihre talentierten Freundinnen, war insgeheim aber auch traurig, kein besonderes Talent zu haben. Manchmal ertappte sie sich dabei, dass das leise, kalte, gemeine Gefühl des Neids auch in ihr hochkroch. Aber sie sprach das nicht aus. Heute sollte es nicht um sie gehen. Heute war Romys Tag.

„Du hast schon recht", murmelte Romy nach Anisas Predigt zerknirscht und kickte einen Kieselstein zur Seite. „Anisa hat doch immer recht", wagte Marleen einen versöhnlichen Scherz und stupste den Kieselstein zurück in Romys Richtung. Anisa hatte es wieder einmal geschafft, einen Streit zu schlichten, bevor er hochkochen konnte. Auf dem Nachhauseweg schafften die Mädchen es unter fröhlichem Geplapper, den Kieselstein vor sich her zu kicken und einander zuzuspielen. Nur Anisa war noch schweigsamer als sonst. Das Gefühl, als Einzige in der Runde kein wirkliches Talent, keine Begabung – nicht einmal ein außergewöhnliches Hobby oder Interesse – zu haben, beschäftigte sie mehr, als sie zugeben wollte. Sie konnte nicht ahnen, dass Romy und Marleen ihren traurigen Blick bemerkt hatten und noch am selben Nachmittag einen Plan schmiedeten, der Anisa schon bald eines Besseren belehren sollte.

Am Montag in der ersten Stunde stand wieder Mathe auf dem Plan. „Haben Sie unsere Arbeiten schon korrigiert?", fragte Thilo Herrn Triborg ungeduldig. „Ach, die Noten sind doch egal. Es gibt schließlich Wichtigeres!", unterbrach Romy das Gespräch der beiden. „Klassensprecherwahlen zum Beispiel!", ergänzte Marleen sofort. „Sie sind doch unser Klassenlehrer. Wir brauchen dringend einen Klassensprecher – oder eine Klassensprecherin!", verbesserte sie sich mit einem geheimnisvollen Grinsen. „Na gut", stimmte Herr Triborg überrascht zu und packte das Mathebuch umständlich zurück in seine Tasche. „Habt ihr Vorschläge? Ich sammle die Namen an der Tafel." Sofort schnellte Marleens Arm in die Höhe. „Ich schlage Anisa vor. Anisa hat nämlich ein Talent, das wir in der Klasse gut gebrauchen können. Sie hört jedem zu und hat immer die besten Ratschläge. Sie hat noch nie etwas Schlechtes über jemanden gesagt und ist gut darin, sich in andere hineinzuversetzen", begründete Marleen ihren Vorschlag ausgiebig. „Übrigens kann sie mit ihrer ruhigen Art auch sehr gut Streit schlichten und vermitteln. Aber wenn's sein muss, kann sie einem auch mal eine beeindruckende Standpauke halten", fügte Romy lachend hinzu.

Anisa staunte nicht schlecht, als Herr Triborg beim Auswerten der Stimmen einen Strich nach dem anderen hinter ihren Namen setzte. Sie konnte spüren, wie das warme Gefühl des Stolzes sich in ihrem Bauch ausbreitete und den kalten, gemeinen Neid vertrieb. „Na, Hauptsache, du denkst nie wieder, du hättest kein Talent!", flüsterte Marleen der neuen Klassensprecherin der 5B lächelnd zu. „Das sehen hier nämlich einige Leute ganz anders!" Anisa strahlte über das ganze Gesicht. „Keine Sorge, das denke ich nicht mehr", antwortete sie nachdenklich. „Im Gegenteil, ich ziehe sogar meine Aussage von Samstag zurück, dass es Menschen ohne Talent gibt. Wahrscheinlich hat wirklich jeder ein Talent. Manchmal muss man eben nur etwas genauer hinsehen."

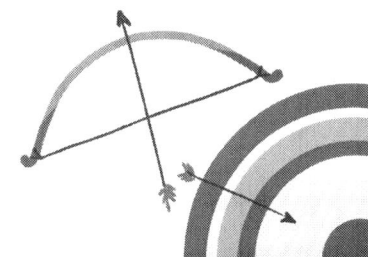

Hinter dem Horizont

Louise konnte das Plätschern des Bachs schon aus weiter Entfernung hören, als sie sich ihrem Geheimplatz näherte. Schnell streifte sie sich ihre Schuhe ab und trat in das kühle Nass. Kleine Wellen umspielten ihre Füße. Das Wasser spiegelte die strahlende Mittagssonne. Louise musste blinzeln und schob sich ihre Sonnenbrille auf die Nase. Sie mochte diesen Ort. Hier konnte sie stundenlang sitzen, dem Plätschern des Bachs zuhören und in die Ferne schauen. Wohin dieser Bach wohl führte? Was wohl hinter dem Horizont lag?

Es war inzwischen zwei Jahre her, dass Louise mit ihren Eltern zu ihrem Onkel aufs Land gezogen war. Alles hatte mit den Kopfschmerzen ihrer Mutter angefangen. Und mit dem Urlaub, den sie damals bei Onkel Mo gemacht hatten. Noch auf der Hinfahrt hatte Louises Mutter mit geschlossenen Augen auf dem Beifahrersitz gesessen und sich den Kopf gerieben, als könnte sie ihre Kopfschmerzen einfach wegmassieren. Am ersten Tag hatte sie sich in ihrem Zimmer verkrochen und geschlafen. Und auch am zweiten und dritten Tag hatte Louise sie kaum zu Gesicht bekommen. Aber als sie am Tag darauf in die Küche gestapft war, schien sie wie ausgewechselt. Kein genervtes „Kannst du nicht etwas leiser sein?". Kein stöhnendes „Schon wieder diese Hitze!". Nicht mal ein grummeliges „Ich hatte noch keinen Kaffee". Sie hatte ihr olivgrünes, bodenlanges Sommerkleid getragen. Ihr Gute-Laune-Kleid. Louise wusste nicht, woran es lag, aber wenn ihre Mutter dieses Kleid trug, stand ein guter Tag bevor. Und dieser Tag wurde wirklich gut. An diesem Tag hatte die Familie beschlossen herzuziehen.

Wäre es nach Louise gegangen, hätte es ewig so weitergehen können. Frische Himbeeren am Morgen, lange Waldspaziergänge, Schwitzen in der eigenen kleinen Sauna und gut gelaunte Eltern – Louises Alltag kam ihr manchmal wie ein Dauerurlaub vor. Aber jetzt war plötzlich alles anders. Seit drei Wochen war sie nicht mehr allein mit ihren Eltern und Onkel Mo. Ihre Eltern hatten beschlossen, das Glück auf dem Land mit Pflegekindern zu teilen. Anfangs hatte Louise sich das auch schön vorgestellt, immer jemanden zum Spielen zu haben. Aber dann waren Émile und Pawel eingezogen und hatten Louises Leben gründlich auf den Kopf gestellt.

Émile war zehn Jahre alt. Er war schlank, etwas größer als Louise und trug eine Brille mit runden Gläsern. Ein bisschen erinnerte er Louise an Harry Potter – nur dass er leider kein bisschen zaubern konnte. Louise wusste nicht, was der Junge überhaupt konnte, er redete mit niemandem. Das Einzige, was er am Tag seiner Ankunft gesprochen hatte, war: „Ich heiße Émile, nicht Emil, verdammt nochmal! Nur falls ihr euch die Mühe machen wollt, euch meinen Namen zu merken. Aber vielleicht bin ich ja sowieso bald schon wieder weg." Dann war er auf sein Zimmer verschwunden.

Was Émile zu wenig redete, plapperte der sechsjährige Pawel zu viel. Anfangs fand Louise seine Geschichten noch spannend. Aber spätestens als der Junge behauptete, er habe einen Diamanten-Schatz auf einer Burg in Prag gefunden, beschlichen Louise leise Zweifel, ob an seinen Geschichten überhaupt etwas dran war. Was aber noch schlimmer war als sein unermüdliches Geplauder: Er verfolgte die Familie auf Schritt und Tritt. Manchmal musste Louise regelrecht flüchten, um einen Moment für sich zu haben.

So wie jetzt. Seufzend spritzte sie sich etwas von dem kühlen Bachwasser an ihre Beine. Immerhin kannten Émile und Pawel diesen Ort nicht. Hier konnte sie ganz in Ruhe sitzen und die Wolken beobachten, die langsam hinter dem Wald am Horizont verschwanden. Wie es wohl wäre, einfach einer Wolke auf ihrem Weg ins Ungewisse zu folgen? Louise stellte sich oft vor, wie es wäre, die Welt zu bereisen. Würde sie auf einem lauten, bunten Marktplatz frisch geerntete Maracujas probieren? Würde sie einsame Küstenwege an Orten entdecken, deren Namen sie nicht aussprechen konnte? Würde sie womöglich sogar auf einer Prager Burg einen Schatz finden?

Louise beschloss, es herauszufinden. Ihr Handy, ein altes Pausenbrot, etwas Geld und ihr neues Englisch-Wörterbuch hatte sie noch in ihrer Schultasche. Das musste reichen. Wenn sie jetzt nicht losging, würde sie nie erfahren, wie die Welt jenseits des Horizonts aussah. Entschlossen füllte sie ihre Wasserflasche mit dem kühlen Bachwasser und stapfte los. Sie beschloss, einfach der schmalen Straße durch die Landschaft zu folgen — dann konnte sie sich nicht verlaufen. Louise ging also immer geradeaus. Immer weiter.

Die Sonne stand bereits tief am Himmel, als Louise das Knattern eines Motors hinter sich hörte. Schon lange war auf dieser einsamen Straße kein Auto mehr an ihr vorbeigefahren. Sie blickte sich um. Dieses alte, etwas klapprige, leuchtend rote Motorrad kannte sie doch! Es hielt direkt neben ihr. Der Fahrer setzte seinen Helm ab und schüttelte seine langen Haare. Onkel Mo! Louise überkam ein seltsames Gefühl der Erleichterung.

Die Welt konnte auch bis morgen auf sie warten. Heute wollte sie nur noch nach Hause.

„Endlich hab ich dich gefunden! Was machst du denn hier?", rief Onkel Mo aus und umarmte Louise erleichtert. „Ich ... äh. Na ja, ich schätze, ich war einfach neugierig. Émile und Pawel kommen aus anderen Ländern und du erzählst ja auch immer so tolle Reisegeschichten. Nur ich sehe seit zwei Jahren immer das Gleiche. Ich wollte einfach mal gucken, was sich hinter dem Horizont befindet", erklärte sie. Leise fügte sie hinzu: „Zu Hause ist ja sowieso genug los, da fällt es bestimmt kaum auf, wenn ich weg bin." „Denkst du das wirklich?", fragte Onkel Mo. Die kleinen Fältchen um seinen Mund erinnerten Louise an das verschmitzte Grinsen, das er beinahe immer im Gesicht trug. Aber heute schaute er seine Nichte ganz ernst an. Louise zuckte mit den Schultern.

„Ach, Loulou! Wir haben uns alle große Sorgen um dich gemacht! Jetzt bringe ich dich erst mal wieder nach Hause", antwortete Onkel Mo. Louise zog sich den Helm auf und kletterte auf das Motorrad. Auf der gesamten Rückfahrt sprach Onkel Mo kein Wort. Ihm ging nicht aus dem Kopf, was

Louise gesagt hatte. Diese Neugier kannte er nur zu gut. Auch er war vor vielen Jahren das erste Mal mit einem Rucksack und einem Zelt einfach losgezogen. Vielleicht sollten wir die anstehenden Sommerferien für eine Reise nutzen, überlegte er. Vielleicht war es genau das, was die Kinder brauchten, um ein Team zu werden.

Eines Nachmittags, wenige Tage nach Louises spontanem Ausflug, trommelte Onkel Mo die Familie zusammen. „Unsere kleine Ausreißerin hat mich auf eine Idee gebracht", begann er geheimnisvoll. „Ich habe mir überlegt, ob wir nicht in den Sommerferien eine Reise machen wollen. Eine richtige Abenteuerreise. Ich kann mir den Bulli von meinem Kollegen ausleihen und wir fahren einfach drauflos. Hinter den Horizont." Während er die letzten Worte aussprach, grinste er breit in Louises Richtung. „Was meint ihr dazu?" „Echt jetzt? Das wäre ja cool!" Louise gefiel die Idee und sie war sofort Feuer und Flamme. Natürlich. „Von mir aus", grummelte Émile. „Ja! Und dann machen wir ganz viele tolle Sachen, alle zusammen!", rief Pawel begeistert. „Wenn wir alle in einem Bus hocken, hast du's auch weniger weit, uns ständig hinterherzulaufen, ne?", stichelte Émile. „Ich merk schon, das wird lustig", meinte Onkel Mo und lachte.

Eine Woche später war es so weit. In den letzten Tagen war Onkel Mo richtig geschäftig gewesen. Am Montag hatte er ein großes Familienzelt besorgt. „Für den Fall, dass wir mal nicht im Bus schlafen wollen." Am Dienstag lud er einen Berg von Isomatten und Schlafsäcken in den blau-weißen Bus seines Kollegen. Am Mittwoch hörte man ein Klappern im ganzen Haus, als Onkel Mo sein altes Campinggeschirr und die Campingkocher entstaubte. Am Donnerstag fuhren Louises Eltern mit einem Auto voller Essen vor. Am Freitag wurden fleißig Koffer und Rucksäcke gepackt. Am Samstag begann dann das große Stapeln: Alles musste möglichst platzsparend in dem großen Bus verstaut werden. Und am Sonntag war es dann so weit und Mama, Papa, Onkel Mo, Émile, Pawel und Louise krabbelten auf ihre Sitze. Die Reise konnte beginnen!

„Wo soll ich hinfahren?", fragte Onkel Mo die Kinder. „Wie, du hast gar keinen Plan?" Louises Mutter wirkte erschrocken. „Nein. Ich hör da auf die Kinder. Aber keine Sorge. Das sind immer die besten Reisen, wenn man keine Ahnung hat, wo man landen wird." Onkel Mo strahlte. Er war ganz in seinem Element. Louises Mutter murmelte ein nicht ganz überzeugtes „Na, du musst es ja wissen!". Aber sie ließ ihren Bruder machen. Was Reiseerfahrung anging, war er ihr weit überlegen. „Einfach immer geradeaus", antwortete Louise auf seine Frage. „Bis zum Horizont." „Okay, dann merk dir mal einen Punkt am Horizont. Seht ihr diesen Baum dort hinten? Der eine, der größer ist als die anderen? Da fahren wir jetzt hin." Die Kinder starrten aus den Fenstern. „Boah, so weit?", staunte Pawel. Émile kramte sichtlich unbeeindruckt sein Handy heraus und begann ein Spiel.

Die einsame Landstraße führte sie durch dichte Wälder. Das Licht der Sonne ließ die Blätter der Bäume und den moosbewachsenen Boden in den verschiedensten Grüntönen schimmern. Es hätte ewig so weitergehen können, wenn nicht immer irgendetwas dazwischenkäme. „Ich muss mal!", rief Pawel den schief singenden Erwachsenen vorne im Bus zu. „Alles klar, ich halte bei der nächsten Möglichkeit an!", antwortete Onkel Mo. Mit quietschenden Reifen kam der Bus zum Stehen. „Hier? Hier ist doch nichts!" Pawel schaute Onkel Mo mit großen Augen an. „Doch, da drüben im Gebüsch ist eine schöne Natur-Toilette. Siehst du das nicht?" Onkel Mo war sichtlich bester Laune. „Ich muss aber ... groß!", nuschelte Pawel nachdrücklich und rutschte auf seinem Sitz hin und her. Wortlos reichte Onkel Mo ihm eine Rolle Klopapier und einen kleinen Klappspaten nach hinten. „Mach am Ende ein bisschen Erde drüber", erklärte er. „Nicht dein Ernst?", entfuhr es Pawel. Selbst Émile blickte mit großen Augen von seinem Handyspiel auf. „Ja, meint ihr, die großen Abenteurer haben immer eine Toilette dabei?", fragte Onkel Mo lachend zurück. Unsicher tapste Pawel in die Richtung, in die Onkel Mo gezeigt hatte, und verschwand im Gebüsch.

„Da waren überall Ameisen! Und ich glaub, mich hat auch noch eine Mücke in den Po gestochen!", plapperte Pawel aufgeregt, als er zurückkam. „Zu viele Informationen", murmelte Émile. „Hier, für deinen Mut", sagte Onkel Mo und warf ihm eine Packung Gummibärchen zu. Pawel strahlte. Er fühlte sich wie ein echter Abenteurer und war so stolz, als hätte er den Mount Everest bestiegen oder den Atlantik durchschwommen.

Die Tage vergingen. Jeden Tag durfte sich eines der Kinder einen Punkt am Horizont aussuchen, an den sie reisen wollten. Jeden Abend erwartete sie ein neuer Horizont. Sie kochten auf den Campingkochern ihre Mahlzeiten und erzählten sich die abenteuerlichsten Reisegeschichten. Sogar Émile huschte immer öfter ein Lächeln übers Gesicht. Nur wenn er auf das Dach des Wagens kletterte, ließ man ihn besser in Ruhe. Dann lag er da, schaute in den Sternenhimmel, aber woran er dachte, das wusste keiner so genau.

„Ich muss aber mal duschen!", rief Émile nach einigen Tagen aufgebracht. Bisher hatte die Familie erst einmal Halt an einem See gemacht. Dort hatten sie zwar gebadet, aber kein Shampoo oder

Duschgel verwendet, um das Wasser nicht zu verschmutzen. „Okay. Aber wie es aussieht, ist weit und breit kein Campingplatz in Sicht. Dann legen wir eben gleich hier einen Waschtag ein", stimmte Onkel Mo ihm zu. Wieder einmal hielt der Bus irgendwo im Nirgendwo an. „Ich hab hier eine biologisch abbaubare Reiseseife", erklärte Onkel Mo. „Wenn wir die hier nehmen, wird sie auf ihrem Weg ins Grundwasser ordentlich von der Erde gefiltert. Das ist besser, als so etwas in einem See zu benutzen, in dem Tiere und Pflanzen leben. Also, wer will zuerst?"

Aber Émile weigerte sich, sich auszuziehen. Es war Pawel, der plötzlich eine Idee hatte und seinem großen Pflegebruder zu Hilfe eilte. „Guck mal, stell dich mal an den Bus. Dann halte ich ein großes Handtuch davor und tadaaa, fertig ist deine eigene Duschkabine!", sagte er und strahlte über das ganze Gesicht. Die Erwachsenen beobachteten die große Waschaktion der Kinder amüsiert aus einiger Entfernung. Es war ein lustiges Bild, wie Pawel seine Arme so weit ausstreckte, wie er konnte, um Émile mit dem großen Handtuch zu verdecken. Louise schüttete – selbstverständlich

"Hinter deinem Horizont gibt es viel zu entdecken!"

mit zugekniffenen Augen – langsam Wasser aus einer Wasserflasche dahin, wo sie Émiles Kopf vermutete.

Als die Familie an diesem Nachmittag wieder in ihrem Bus saß, war all der Dreck und Schweiß von ihnen abgewaschen – zusammengeschweißt hatte sie ihre ungewöhnliche Duschaktion trotzdem. Aufgeregt redeten die Kinder über ihre Lieblingsfilme und -spiele. Sie wussten nicht, dass die Erwachsenen sie insgeheim zufrieden lächelnd durch den Innenspiegel des Busses beobachteten. Émile hatte noch nicht einmal bemerkt, dass sein Handy schon vor Stunden unter seinen Autositz gerutscht war.

Und so verging die Zeit. Ab und zu kamen sie an Campingplätzen mit richtigen Toiletten und Duschen vorbei. Der reinste Luxus! Auf den Campingplätzen durften sie abends Lagerfeuer machen. Die Kinder liebten es, sich vor den lodernden Flammen Gruselgeschichten zu erzählen, der Gitarrenmusik von Louises Vater zuzuhören und dabei die sprühenden Funken mit ihrem Blick auf dem Weg in den Himmel zu verfolgen.

Und Louise? Die liebte es, jeden Tag etwas Neues zu sehen und sich überraschen zu lassen. Was erwartete sie wohl hinter der nächsten Kurve? Welcher Blick würde sich ihnen wohl von einem Berg herunter offenbaren? Jeden Abend kritzelte sie ein Bild in ihr Reisetagebuch, wie ihr neuer Horizont aussah. Sie wollte nichts davon vergessen.

Eines Tages stellte sie fest, dass ihr der neue Horizont irgendwie bekannt vorkam. Diesen großen See, der den Wald ganz genau in zwei gleich große Hälften teilte, hatte sie doch schon einmal gesehen! Schnell blätterte sie ihre Zeichnungen durch. Da war es! Ganz am Anfang ihrer Reise waren sie schon einmal hier gewesen! Oder täuschte sie sich? Je weiter Onkel Mo den Bulli lenkte, desto sicherer war sie sich. Auch ihrer Mutter fiel das auf. „Ach, guck an. Müsste da hinten nicht gleich unser Bach kommen? Und dahinter unser Haus?" Tatsächlich, wenig später konnte die Familie ihr Haus entdecken. „Da sind wir wohl im Kreis gefahren", antwortete Onkel Mo mit einem Augenzwinkern. Louise dachte daran, wie sie insgeheim gehofft hatte, auf ihrer

Reise verschiedene Länder zu durchqueren. Aber jetzt, als sie ihr Zuhause wiedersah und an ihre abenteuerliche Reise zurückdachte, war sie mehr als zufrieden. Auch wenn sie vielleicht keine Landesgrenzen überquert hatten, hatte sie doch das Gefühl, die Welt bereist zu haben.

In den nächsten Tagen saß Louise oft mit Émile und Pawel an ihrem Geheimplatz am Bach und schaute in die Ferne. Dabei überkam sie nicht mehr das Gefühl der Sehnsucht und der Neugier. Stattdessen fühlte sie sich voll und ganz von Glück erfüllt. Sie wusste jetzt, dass die Liebe ihrer Familie genauso grenzenlos war wie der Horizont. Sie wusste, wie es da drüben, hinter dem Wald am Horizont, aussah. Aber vor allem wusste sie, dass noch viele Horizonte darauf warteten, von ihr entdeckt zu werden. Irgendwann.

Stellas
(T)Raumschiff-Abenteuer

Wenn es einen Tag in der Woche gab, den Stella am allerwenigsten mochte, dann war es der Sonntag. Egal, wie man einen auch Sonntag verbrachte – der Montag rückte immer näher. Manchmal stellte sie sich vor, wie ein riesengroßer, dicker, gemeiner, mies gelaunter Montag irgendwo herumsaß und auf sie wartete. Sonntags war dieses Montags-Monster so nah, dass Stella fast schon seinen warmen, muffigen Atem spüren konnte. Natürlich wusste sie, dass es dieses Monster nicht gab. Es gab schließlich überhaupt keine Monster. Aber ein bevorstehender Montag war schlimmer als jedes Ungeheuer. Ein bevorstehender Montag bedeutete, dass eine neue lange Schulwoche auf sie wartete.

Wenn ihre Mutter sie fragte, wie es ihr auf der neuen Schule gefalle, antwortete Stella meistens: „Alles okay!" Aber es war nicht alles okay. In der Schule machten sich ihre neuen Mitschüler über sie lustig. Und auch zu Hause fühlte sie sich noch nicht wirklich wohl. Es war gerade einmal drei Wochen her, dass ihre Mutter und sie bei Akim, Aljosha und Tatjana eingezogen waren. Akim war der neue Freund ihrer Mutter. Stella hatte ihn vor einem halben Jahr kennengelernt und sich anfangs größte Mühe gegeben, ihn nicht zu mögen. Sie hatte schließlich einen Papa. Sogar einen, mit dem sie nachts durch ein riesiges Teleskop in den Nachthimmel schauen konnte. Durch das Teleskop konnte man noch viel mehr Sterne erkennen, als für das bloße Auge sichtbar waren. All diese Sterne waren Sonnen aus anderen, weit entfernten Sonnensystemen. Die Planeten unseres Sonnensystems leuchteten schwächer. „Sie können nicht von sich aus strahlen, sondern nur das Licht der Sonne reflektieren", hatte ihr Vater ihr erklärt.

Stella wusste alles über die Planeten unseres Sonnensystems. Da gab es Merkur, Venus, Erde, Mars, Jupiter, Saturn, Uranus und Neptun. Dafür gab es einen ganz einfachen Merksatz: „Mein Vater Erklärt Mir Jeden Sonntag Unseren Nachthimmel." Aber für Stella war das nicht nur ein Merksatz, mit dessen Anfangsbuchstaben sie sich die Planetennamen merken konnte. Für Stella war genau dieser Satz über viele Jahre ihre Realität gewesen. Seit sie denken konnte, hatte sie mindestens einmal pro Woche mit ihrem Papa eine ganze Weile schweigend abends zusammengesessen und über die Milliarden von glitzernden und funkelnden Sternen gestaunt. Sie hatte diese Zeit geliebt. Wie winzig klein sie sich auf einmal vorkam, wenn sie in die unendliche Weite des Weltalls blickte. Und trotzdem hatte sie sich nie allein gefühlt, weil sie Rücken an Rücken mit ihrem Vater dagesessen hatte und ihn in der Stille der Nacht atmen hören konnte.

Aber inzwischen waren diese Treffen seltener geworden. Jetzt lebte Stella mit ihrer Mutter,

Akim und seinen beiden Kindern zusammen in einer anderen Stadt. Natürlich vermisste sie ihren Vater. Aber sie konnte nichts an der Situation ändern und ihre Mutter und Akim gaben sich alle Mühe, dass sie sich bei ihnen wohlfühlen konnte. So sehr Stella sich anfangs vorgenommen hatte, Akim nicht zu mögen, hatte sie ihn schließlich doch in ihr Herz geschlossen. Trotzdem spürte sie, dass sie in ihrem neuen Leben und in ihrer neuen Schule noch nicht wirklich angekommen war. Die anderen Kinder in der Schule hatten schnell herausgefunden, dass sie sich für den Weltraum interessierte. Kein Wunder: In all ihren Heften lagen Fotos von den wunderschönen Aufnahmen, die das Hubble-Weltraumteleskop auf seinem Weg durch das Universum aufgezeichnet hatte. Stellas Mitschüler machten sich einen Spaß daraus, ihr immer wieder vor Augen zu führen, dass sie von einem anderen Stern kommen musste. Vielleicht tickte sie wirklich ganz anders als die anderen Kinder. Nichts interessierte Stella weniger als die Frage, welcher Markenname auf ihren Schuhen stand oder welcher Schauspieler am besten aussah. Wenn mal wieder jemand über sie lachte, schaute sie sich ihre Weltallbilder an. Diese farbenfrohen und geheimnisvollen Nebel, Wolken, Wirbel und Schnörkel beruhigten sie. Sie erinnerten sie daran, wie winzig und unwichtig doch all die Menschen waren, die sich über sie lustig machten.

Als Stella an diesem Sonntag ins Bett ging, fiel sie schnell in einen unruhigen Schlaf. In ihrem Traum raste sie in irrsinniger Geschwindigkeit durch die Dunkelheit, vorbei an unzähligen Sternen und Planeten. Irgendwann bemerkte sie, dass etwas neben ihr flog, das ein warmes Licht ausstrahlte. Erst als sich der Farbton des Lichts änderte, verstand Stella, dass es sich nicht um einen Stern handeln konnte. Zumindest hatte sie noch von keinem Stern gehört, der erst gelb, dann rot und schließlich blau leuchtete. Mit einer Armbewegung, als würde sie durch die Schwerelosigkeit schwimmen, änderte sie ihre Richtung und steuerte direkt auf dieses Etwas zu.

Je näher sie kam, desto besser konnte sie erkennen, worum es sich handelte. Es war ein Raumschiff von Außerirdischen. Doch Stella hatte sich ein Ufo ganz anders vorgestellt. Dieses hier erinnerte sie eher an ein echtes Schiff, das ganz gemütlich durch das Nichts schwebte. Je näher sie heranflog, desto stärker konnte sie die Schwerkraft spüren, von der sie angezogen wurde. Schließlich schwebte sie über dem Deck des Schiffs und konnte dort ganz selbstverständlich landen wie ein Vogel auf dem Erdboden. Sie bemerkte, wie verschiedene Geräusche und Stimmen näher kamen, konnte allerdings kein einziges Wort verstehen. Trotzdem spürte sie die Herzlichkeit, mit der sie aufgenommen wurde.

Die Wesen, die herbeieilten, waren klein und quirlig. Die größten reichten Stella etwa bis zur Hüfte, aber die meisten von ihnen waren deutlich kleiner. Das Auffälligste an ihnen war das farbige Licht, das von ihren kleinen Körpern ausgestrahlt wurde. Alle paar Minuten wechselte es bei allen Wesen gleichzeitig die Farbe. Nur ein kleines Wesen strahlte in einer anderen Farbe als der Rest der Gruppe, das fiel Stella sofort auf. Die Gesichter, die sie nun genauso erwartungsvoll wie freundlich anblickten, sahen ganz anders aus als alles, was Stella bisher gesehen hatte. Statt zwei Augen hatten sie eine ganze Augenreihe, mit der sie alles um sich herum im Blick behalten konnten, ohne den Kopf zu drehen. Eine richtige Nase hatten die Wesen auch nicht, aber in der Mitte des Gesichts gab es winzige Vertiefungen, die wie zwei Nasenlöcher aussahen. Der riesige Mund war bei jedem einzelnen Wesen ein großes, breites Lächeln. Selbst bei denen, die gerade redeten, bewegte sich nur der vordere Teil des Mundes. Die Mundwinkel schienen bei allen Wesen hinter den spitzen Ohren festzusitzen.

Als sich im nächsten Moment die Farbe der Wesen erneut änderte und ein schönes dunkles Lila annahm, stellte Stella noch etwas fest. Zusammen mit dem Farbwechsel änderte sich auch ihre Sprache. Auf einmal konnte sie problemlos verstehen, was gesprochen wurde. „Hoher Besuch, hoher Besuch! Dürfen wir Euch etwas zu essen anbieten?" Mit diesen Worten deutete eines der Wesen auf einen großen Eimer, der mit einer schleimigen Masse gefüllt war. Erschrocken schüttelte Stella den Kopf. „Von welchem Stern kommt Ihr? Das muss ein ganz besonders schöner Stern sein, wenn seine Bewohner so fabelhaft aussehen wie Ihr!"

Stella musste schmunzeln. Sie hatte das Gefühl, dass die Wesen sich größte Mühe gaben, ganz besonders höflich zu sein, und gar nicht bemerkten, wie altmodisch sie dabei klangen. „Ich komme von der Erde. Ihr habt recht, die Erde ist ein schöner Planet. Aber ich bin nicht sicher, ob ich da wirklich hingehöre." Stella bemerkte, dass das andersfarbig leuchtende Wesen aufhorchte. Es streckte sich in die Höhe und richtete seine spitzen Ohren in ihre Richtung aus.

Plötzlich verwandelte sich der lilafarbene Schein aller Wesen in ein knalliges Orange. Nur besagtes kleines Wesen leuchtete nun pink. Stella bemerkte sofort, dass sie kein Wort mehr verstand. Die Sprache, die die Aliens jetzt gebrauchten, klang ganz anders als jede Sprache, die sie bisher gehört hatte. Das Gesagte schien nicht mehr aus aneinandergereihten Wörtern zu bestehen, sondern aus einem melodischen Singsang.

Das kleine, pink leuchtende Wesen trat aus der Menge hervor. „Ich bin Xanthee. Bei mir ist damals bei der Programmierung etwas schiefgelaufen, deshalb leuchte ich immer anders als die anderen. Aber dafür kann ich auch jederzeit jede

"Du bist richtig
und wichtig!"

Sprache sprechen, völlig unabhängig von einer bestimmten Farbe", sagte das Alien-Mädchen und grinste über beide Ohren. „Die anderen können ihre Sprachen auch nicht aktualisieren. Sie reden immer noch so, wie das wohl früher einmal war. Ich erhalte aber immer die neuesten Sprachmodule und müsste einigermaßen up to date sein. Wie mache ich mich denn so?", fragte Xanthee erwartungsvoll. Sie war sichtbar stolz, endlich ihre besonderen Funktionen nutzen zu können.

„Super, ich versteh dich sehr gut", versicherte Stella ihr. „Aber sag mal, wo bin ich überhaupt hier gelandet?" „Du bist hier auf dem Raumschiff der 42er." Stellas verwirrter Blick verriet dem Alien-Mädchen, dass es hier einen absoluten Weltraum-Neuling vor sich hatte. „Oh, dann muss ich wohl etwas ausholen", meinte Xanthee und lächelte. „Also: ‚42 Draconis‘ ist der Name unseres Sterns, unserer Heimat. Weil wir 42er aber ganz besonders neugierig sind, haben sich einige von uns mit unserem Raumschiff auf den Weg ins Weltall gemacht. Ich bin zwar noch ein Kind, aber ich wollte unbedingt mitkommen. Außerdem möchte ich dazugehören, auch wenn ich ein bisschen anders bin als die anderen." Xanthee dämpfte ihre Stimme, obwohl die umstehenden 42er offensichtlich ohnehin nichts verstehen konnten. Sie gaben inzwischen Laute von sich, die Stella an einen stotternden Rasenmäher erinnerten.

„Oh, das tut mir leid", stellte Stella bedauernd fest. „Ich dachte, vielleicht gibt es irgendwo einen Planeten, wo ich so richtig hingehöre." Obwohl Xanthees Mundwinkel nach wie vor bis zu ihren Ohren reichten, spürte Stella die Traurigkeit, die in Xanthees Stimme mitschwang. „Mir geht es auf der Erde genauso!", rief sie aus. Die anderen 42er schauten sie einen Moment lang überrascht an und verfielen dann schnell wieder in ihr Gestotter.

„Es gibt da so eine Einstellung." Xanthee blickte Stella geheimnisvoll an. „Die anderen können sie immer nur nutzen, wenn sie grau leuchten. Aber das passiert höchstens alle paar Jahre mal. Ich hab hingegen immer Zugriff auf diese Einstellung." Das Alien-Mädchen stockte kurz und flüsterte dann kaum hörbar: „Ich kann mit jemandem den Körper tauschen. Das geht aber immer nur so lange, wie wir im Weltraum umherreisen. Sobald wir wieder auf einem Planeten landen, wird automatisch zurückgetauscht." Stella starrte ihre neue außerirdische Freundin mit großen Augen an. „Du meinst, wir sollen unsere Leben tauschen?" Ganz wohl war ihr zwar nicht bei dem Gedanken, aber die Neugier hatte sie unlängst gepackt. So beschlossen die beiden unterschiedlichen Mädchen gemeinsam ihr Geheimnis und tauschten ihre Körper.

Als Stellas Mutter Stella am nächsten Morgen weckte, konnte sie nicht ahnen, dass im Bett ihrer Tochter eigentlich ein außerirdisches Mädchen namens Xanthee lag. Xanthee gab sich alle Mühe, nicht aufzufallen. Sie beobachtete das Verhalten der Menschen und ahmte es nach. Schnell hatte sie verstanden, dass sie atmen musste, um normal leben zu können. Das fand sie zwar etwas umständlich, aber nach einer Weile hatte sie sich daran gewöhnt.

Stella dagegen, die statt Xanthee auf dem Raumschiff der 42er lebte, entdeckte schnell alle spannenden Funktionen, die sie sich zunutze machen konnte. Sie konnte alle Sprachen des Universums verstehen und musste sich nicht mit lästigen Dingen wie Atmen abgeben. Auch Nahrung schien ihr Körper nicht zu benötigen. Der Schleim, der ihr am Anfang angeboten wurde, war eine reine Delikatesse für besondere Anlässe gewesen.

Nach und nach fanden sich die beiden Mädchen in ihrem neuen, so ganz anderen Leben gut zurecht. Sie entdeckten, dass es durchaus Vorteile hatte, eine ganz andere Denkweise zu haben als die Mehrheit. Xanthee erklärte Stellas Mitschülern in Mathe die schwierigsten Aufgaben. Es störte sie nicht im Geringsten, dass manche von ihnen über sie lachten. Sie wusste ja selbst, dass sie ganz anders war als diese merkwürdigen Menschen, die regelmäßig atmen mussten, um zu leben. Und Stella konnte den anderen Kindern der 42er jede Sprache des Universums beibringen, die sie erlernen wollten. Auch ihr machte es nichts aus, wenn jemand über sie lachte.

Immer öfter trauten sich Stella und Xanthee, Neues in der Welt der anderen auszuprobieren. Xanthee war ganz begeistert von ihrem großen menschlichen Körper und tanzte im Sportunterricht durch die Turnhalle. Die Selbstverständlichkeit und Leichtigkeit, mit der sie plötzlich einfach das tat, worauf sie Lust hatte, überraschte ihre Mitschüler. Auch Stella wurde auf dem Raumschiff der 42er immer mutiger. Sie hatte sich schon seit ihrem ersten Tag an Bord gewundert, wieso es mitten auf dem Raumschiff einen Pool gab, in den sich aber keines der Wesen hineintraute. Die 42er waren so an ihre Schwerkraft gewöhnt, dass es ihnen Angst machte, im Wasser nahezu schwerelos zu sein. Stella dagegen liebte das Wasser. Die anderen 42er staunten nicht schlecht, als sie mutig in den Pool sprang. Sie schwamm, tauchte und planschte vor sich hin. Nach und nach trauten sich immer mehr Kinder der 42er ins Wasser und entdeckten ihren Spaß daran.

Und so verging die Zeit. Die beiden Mädchen hatten zwar keinen Ort gefunden, an dem sie sich weniger „anders" fühlten, aber dafür hatten sie in sich selbst etwas gefunden: die Gewissheit, dass sie so, wie sie waren, gut waren – ganz egal, wie „anders" sie auch für andere sein mochten. Je mehr Zeit die beiden in ihrem neuen Leben verbrachten und dabei immer selbstbewusster wurden, desto mehr verstummten die Kommentare der anderen. Auch wenn sie es nicht zugaben, bewunderten die Kinder der 42er und die aus Stellas Klasse die beiden Mädchen für ihr neues, selbstsicheres Auftreten.

Irgendwann, inzwischen mussten mehrere Wochen vergangen sein, wachte Stella wieder in ihrem eigenen Bett auf. „Ah, heute Nacht sind die 42er also auf einem Planeten gelandet", murmelte sie, noch bevor sie die Augen geöffnet hatte. Dann erst fiel ihr der Duft ihrer frisch bezogenen Lieblingsbettwäsche auf. Sofort fühlte sie sich zu Hause.

Obwohl es Montag war, schlüpfte Stella an diesem Morgen mit bester Laune in ihre Hausschuhe und stapfte hinunter in die Küche. Der Geruch von warmen Pfannkuchen zog ihr in die Nase. Erst jetzt fiel ihr auf, wie sehr sie das vermisst hatte. Dieser Duft! Sie strahlte bis über beide Ohren, als sie sich zu ihrer Mama, Akim, Aljosha und Tatjana an den Tisch setzte. Endlich war sie wieder zu Hause! An das Montags-Monster verschwendete sie keinen einzigen Gedanken mehr.

Höher, schneller, weiter, stopp!

Als Maxim an diesem Mittwochabend seine Schwimmtasche die Treppe hochschleifte, war es bereits dunkel im Treppenhaus. Die letzten Sonnenstrahlen des Tages schienen zu müde zu sein, um sich ihren Weg durch die Wolken und die kleinen Fenster des dämmrigen Treppenhauses zu bahnen. Auch Maxim war müde. Müde und hungrig. Die Tasche, die gegen jede Treppenstufe donnerte, bevor er sie mit einer erneuten Kraftanstrengung eine Stufe höher zog, verströmte Chlorgeruch. Vielleicht konnte aber auch nur Maxim diesen Geruch wahrnehmen – weil er sich in seiner Nase festgesetzt hatte.

Wieder einmal war ein Tag vergangen, an dem er von den wenigen Sonnenstunden kaum etwas mitbekommen hatte. Wieder einmal kam er müde nach Hause. Maxim seufzte. Immerhin zog ihm der Duft von warmen Fleischbällchen mit Soße in die Nase, als er die Wohnungstür aufstieß. Sein Magen grummelte, als wollte dieser ebenfalls seine Familie begrüßen, die sich in der Küche versammelt hatte. „Na, wie war's?", fragte seine Mutter ihn. „Gut. Ich hab Hunger", antwortete Maxim erschöpft, während er die Tasche in sein Zimmer warf.

Auf seinen Schreibtischstuhl hatte seine Mutter bereits die Trompete gestellt, damit er sie morgen nicht vergaß. Donnerstags war schließlich Trompeten-Tag. Immerhin dauerte der Trompetenunterricht nur eine Stunde, sodass Maxim den Nachmittag noch nutzen konnte, um das neue, riesige Trampolin im Garten einzuweihen. Er liebte es, immer höher, schneller und weiter zu springen. Überhaupt war Maxim ein Mensch, der Stillstand nicht ertragen konnte. Nichts hasste er so sehr wie Langeweile und das Gefühl, Zeit zu vergeuden. Und so war es ihm auch allemal lieber, abends erschöpft nach Hause zu kommen, als einen ganzen Tag lang nichts zu tun. Das Trompetespielen machte ihm zwar nur noch mittelmäßig Spaß, aber seinen Eltern war es wichtig, dass er ein Instrument lernte. Seine Mutter hatte ihm schon oft erklärt, was genau sich da in der Gehirnstruktur veränderte, wenn man ein Instrument lernte, und wieso das wahnsinnig toll für die Entwicklung war. Verstanden hatte er das zwar nicht so ganz, aber wer weiß, vielleicht tat es ihm ja wirklich gut und in einigen Jahren würde man merken, dass er schlauer war als andere Kinder. Auch seine Töpferstunden am Freitag und besagter Schwimmunterricht am Mittwoch waren, zumindest laut seiner Mutter, fürchterlich wichtig für seine Kreativität, Konzentration, Koordination und andere lange K-Wörter, die er sich beim besten Willen nicht alle merken konnte.

Als Maxim an diesem Abend erschöpft und mit vollem Bauch im Bett lag, hatte er das erste Mal an diesem Tag Zeit, sich ausgiebig seinem Handy zu widmen. Da gab es Nachrichten zu beantworten, die Neuigkeiten seiner Freunde anzugucken – und natürlich wollte auch er selbst noch etwas posten. Er ging die Fotos durch, die sein Schwimmlehrer vom Beckenrand aus gemacht und den Kindern geschickt hatte. Auf den Bildern sah Maxim aus wie ein Profischwimmer, der sich im Wasser weit vor den anderen Kindern dem Beckenrand näherte. Das war doch passend für Instagram!

Kurz nachdem er seine zwei Lieblingsbilder des heutigen Tages hochgeladen hatte, entdeckte er etwas Ungewöhnliches. Mitten auf den Bildern war ein Zeichen aufgetaucht, das dort nichts zu suchen hatte. Es erinnerte ihn an das „Play"-Symbol bei Videos – aber er hatte ja nur Fotos hochgeladen! Neugierig klickte er darauf. Als sein Zeigefinger den Bildschirm berührte, leuchtete kurz der Schriftzug „Erhöhte Geschwindigkeit" auf und verschwand sofort wieder. Was hatte das zu bedeuten? Maxim wartete einen kurzen Moment ab. Nichts geschah. Wahrscheinlich hatte es sich nur um einen Fehler der Seite gehandelt.

Schade! Er hatte wohl doch keine neue Funktion entdeckt.

Am nächsten Morgen wachte Maxim vor dem Klingeln seines Weckers auf. Noch bevor er die Augen öffnete, beschlich ihn das seltsame Gefühl, dass irgendetwas anders war als sonst. Noch wusste er nicht, ob das gut oder schlecht war. Er wusste nicht einmal, was es überhaupt war, was an diesem Morgen anders zu sein schien. Vorsichtig öffnete er die Augen, aber alles wirkte wie immer. Auf seinem Nachttisch leuchtete sein solarbetriebener Globus, den er am gestrigen Tag aufgeladen hatte, nur noch schwach. Die Trompete wartete nach wie vor auf seinem lila Drehstuhl auf ihren Einsatz. In der Küche hörte er das leise Klappern von Geschirr, das ihm bestens vertraut war. Aber irgendetwas daran klang anders. Zum jetzigen Zeitpunkt konnte sich Maxim jedoch noch keinen Reim darauf machen.

Als er aufstand, bekam er einen Schreck. Er hatte sich doch ganz normal bewegt, hatte langsam die Beine aus dem Bett geschwungen, sich ausgiebig gestreckt, laut und herzhaft gegähnt und war aufgestanden. Aber was er beobachtete, war etwas völlig anderes. Seine Beine schwangen wie von Geisterhand blitzschnell aus dem Bett. Statt eines genüsslichen Streckens der Arme beobachtete er, wie sie für eine Sekunde nach oben reichten, als würde er in Eile etwas von einem unsichtbaren Baum pflücken. Und sein lautes, löwengleiches Gähnen wirkte, als würde er aus unerklärlichen Gründen den Mund kurz aufreißen, sofort wieder schließen und dabei einen Laut ausstoßen, der bestenfalls wie das kurze, zaghafte Miauen einer Katze klang. Und dabei war er sich ganz sicher, alles wie immer gemacht zu haben! Bewusst langsam hob er einen Arm – zack, war der Arm schon oben. Bewusst langsam schlich er zur Tür – zack, stand er auch schon vor seiner Zimmertür.

Wenige Sekunden später fand er sich in der Küche wieder, wo es aus ihm herausbrach: „W-Was ist denn h-heute los? I-Ich meine, irgendwie g-geht alles schneller, oder? A-Also, was ist d-das?!" Die abgehackten Worte reihten sich in irrsinniger Geschwindigkeit aneinander, obwohl Maxim versuchte, besonders langsam zu sprechen. „Hast du schlecht geträumt, Maxim? Du bist ja noch ganz verschlafen! So langsam hast du lange nicht mehr geredet", plapperte seine Mutter und wuschelte ihm für den Bruchteil einer Sekunde durch seine zerzausten blonden Locken.

Niemand schien wahrzunehmen, dass irgendetwas ganz und gar nicht stimmte. Als Maxim sein Müsli löffelte und mit seinem Kopf jedem Löffel ein paar Zentimeter entgegenkam, um nicht neben seine Müslischale zu kleckern, kam er sich vor wie ein Specht, der wahnsinnig schnell gegen einen Baumstamm hämmerte. Er hatte gerade den fünften Löffel Müsli gegessen – oder besser: verschlungen –, da fiel es ihm ein. Das Zeichen gestern: „Erhöhte Geschwindigkeit"! Mit seinem Klick darauf musste er sein Leben beschleunigt haben. Er raste also gerade im Zeitraffer durch sein eigenes Leben.

Nachdem Maxim den ersten Schreck überwunden hatte, überlegte er, was das alles für Folgen haben könnte. Vielleicht war es doch gar nicht so übel! Jede Unterrichtsstunde, die ihm sonst endlos lang erschien, wäre wie im Flug wieder vorbei. Und was noch besser war: Er würde sich nie wieder langweilen! Wenn er mal einen Moment lang nichts zu tun hätte, wäre dieser Moment auch schon wieder vorbei und sein nächstes Hobby stände auf dem Programm. Und am Ende des Tages würde er genauso viel erlebt haben und immer noch viele tolle Bilder bei Instagram hochladen können wie vor dem ganzen Zauber. Auch würde es wohl nicht mehr lange dauern, bis er die Trompetenlieder perfekt beherrschte, seine Bestzeit im Schwimmen knacken könnte und beim Töpfern endlich das Geburtstagsgeschenk für seine Mutter, ein selbst getöpfertes Geschirr-Set, fertig hätte. Er würde also alles in kürzester Zeit erreichen können, was er sich schon immer vorgenommen hatte.

In den nächsten Tagen gewöhnte sich Maxim an seinen neuen Rhythmus. Er stellte fest, dass es durchaus seine Vorteile hatte, aus jeder ungünstigen Lage durch die rasende Zeit schnell wieder befreit zu werden. Das Referat, das er allein halten musste, das langweilige Familien-Frühstück am Sonntag, der verhasste Nachhilfeunterricht – all das war schneller vorbei, als er sich darüber Gedanken oder gar Sorgen machen konnte. Natürlich gab es auch Momente, die gern länger hätten andauern können – die Pausen in der Schule zum Beispiel. Oder die Mathestunden, in denen er mit seiner lustigen Sitznachbarin Lissy zusammenarbeiten durfte. Aber im Großen und Ganzen war sein neues Leben ganz nach seinem Geschmack.

Die Stunden wurden zu Tagen, die Tage zu Wochen und die Wochen zu Monaten. Er knackte seinen Schwimmrekord gleich mehrfach, das getöpferte Geschirr-Set wurde fertig und er beherrschte immer mehr Trompetenlieder. Obwohl er sich längst an sein neues, schnelles Leben gewöhnt hatte, beschlich ihn immer öfter ein komisches Gefühl. Ein Gefühl, das er noch gar nicht kannte. Er wünschte sich Ruhe. Manchmal ertappte er sich sogar bei dem Gedanken, dass er am liebsten eine Weile im Garten sitzen würde, ohne dass jemand rausstürmte und ihn darauf hinwies, dass er zu spät zum Schwimmen kommen würde. Natürlich konnte er niemandem einen Vorwurf machen. Seine Eltern konnten schließlich nicht wissen, dass Maxim, der in Wirklichkeit schon viele Stunden im Garten zwischen den langsam erblühenden Krokussen gelegen hatte, sich in seiner eigenen Wahrnehmung erst wenige Minuten dort befand.

Und dann kam der Tag, an dem Maxim beschloss, dass sich etwas ändern musste. Er hatte sich mit Lissy nach der Schule getroffen. Die beiden spielten Verstecken in Lissys Garten, schlugen sich den Bauch mit selbst gepflückten Himbeeren voll und lachten mit der Sonne um die Wette. Es war einer dieser Tage, von denen man jede Sekunde aufsaugen wollte wie ein Schwamm. Einer dieser Tage, an denen man Bauchschmerzen vor Lachen bekam, ohne zu wissen, worüber man eigentlich gelacht hatte. Einer dieser Tage, an denen man keine Sekunde an blöde Hausaufgaben, schwierige Trompetenstücke oder andere dachte, weil der Kopf zu sehr damit beschäftigt war, den Moment zu genießen: das goldene Sonnenlicht, das durch die Bäume schimmerte und ihr Blätterwerk in hunderten verschiedenen Grüntönen erstrahlen ließ; den frischen Frühlingsgeruch, der von einem leichten Wind durchs Land getragen wurde und alle Menschen mit einem zarten Hauch

"Heute ist ein guter Tag!"

von Hoffnung an ihre ganz eigenen bevorstehenden Sommerträume erinnerte; und nicht zuletzt Lissys verschmitztes Lächeln, das an diesem Nachmittag beinahe immer in einem glucksenden Lachanfall endete. Es war einer dieser Tage, von denen man sich wünschte, er würde nie enden.

Stattdessen rann Maxim die Zeit nur so durch die Finger. Er beschloss, Lissy von seinem Geheimnis zu erzählen. Vielleicht hatte sie eine Idee, was er tun könnte – zumindest hatte sie in Mathe immer die kreativsten Lösungsansätze auf Lager, die schon öfter zum richtigen Ergebnis geführt hatten. Zu seiner Überraschung glaubte sie ihm sofort. Entweder lag es an ihrer Fantasie, die scheinbar keine Grenzen kannte, oder an ihrem Vertrauen in ihn, das inzwischen beinahe genauso grenzenlos war. Lissy zweifelte keine Sekunde an seiner abenteuerlichen Geschichte. Auch stellte sie keine Fragen, wie sein Leben im Zeitraffer genau aussah – das konnte sie sich wahrscheinlich mühelos vorstellen. Stattdessen hatte sie sofort einige Lösungen parat: „Wahrscheinlich musst du auf dem Bild, das du damals hochgeladen hast, nach einem Stopp-Zeichen suchen. Das wäre ja logisch! Oder du musst einfach so ein Zeichen in den Himmel malen. Vielleicht bringt es auch was, wenn du ein Video von dir selbst in erhöhter Geschwindigkeit anschaust und das dann wieder stoppst. Irgendeinen Trick muss es doch geben!"

Die beiden Kinder saßen zwischen Himbeersträuchern und rätselten, wie sie den Zeitraffer von Maxims Leben stoppen könnten. Aber nichts, was sie versuchten, half. Niedergeschlagen beschloss Maxim, wenigstens ein Erinnerungsfoto mit Lissy zu machen. Die beiden rückten so nah zusammen, wie sie konnten, und schossen ein Selfie. „Guck mal, wie du guckst!", lachten sie zugleich auf. Und tatsächlich, auf dem Foto war keiner der beiden besonders gut getroffen. Lissy hatte ihre Augen halb geschlossen, sodass das typische grüne Funkeln kaum zu sehen war, und Maxims Lächeln wirkte auf dem Bild seltsam schief. Und trotzdem, das Bild gefiel den beiden. Im Hintergrund konnte man die Bienen und Wespen erkennen, die geschäftig an den Himbeersträuchern herumwuselten. Ein Vogel flog so dicht über ihren Köpfen, dass seine weit aufgespannten Flügel gut zu erkennen waren. Plötzlich rief Lissy aufgeregt: „Da ist es!" Und tatsächlich! Maxim war so tief in den Anblick des Moments versunken gewesen, dass er gar nicht bemerkt hatte, wie am Bildschirmrand ein Stopp-Symbol aufgetaucht war. Ohne zu zögern, klickte er darauf. „Und, merkst du was?" Lissy beobachtete ihn gespannt. Als sie sein glückliches Lächeln sah, das sein Gesicht erstrahlen ließ, umarmte sie ihn stürmisch.

Maxim war so erleichtert darüber, den Zauber umgedreht zu haben, dass er sich gar nicht weiter fragte, wieso nun ausgerechnet bei diesem Bild das erhoffte Zeichen aufgetaucht war. Er wusste also nicht, dass das magische Zeichen nur deshalb erschienen war, weil dieses Foto einen Moment festhielt, in dem die Kinder die Zeit hatten stillstehen lassen. Aber eigentlich war Maxim das alles egal. Es reichte ihm vollkommen, seinen eigenen Zeitrhythmus zurückerhalten zu haben. Er wollte mit Lissy nur noch im Hier und Jetzt leben, stundenlang im Gras liegen, den Duft des Frühlings genießen und von eigenen Sommerabenteuern träumen.

Mädchensache!

ls Arlene die Augen öffnete, war es noch dunkel. Sie blinzelte ihrem Wecker entgegen. Es war gerade einmal fünf Uhr. Trotzdem war sie hellwach. Kein Wunder! Schließlich war heute nicht irgendein Tag. Heute war der erste Tag auf ihrer neuen Schule! Arlene ging nicht mehr in die erste, zweite, dritte oder vierte Klasse, nein, ab heute ging sie in die fünfte Klasse! Heute würde sie zum ersten Mal all die anderen Kinder in ihrer neuen Klasse kennenlernen. Und natürlich die Lehrer. Ob auch alle nett waren? Ob sie auch neben ihrer besten Freundin Josie sitzen durfte? Ob es wohl eine große Feier gab für all die Neuen? Hoffentlich würde sie sich nicht gleich am ersten Tag in dem riesigen Schulgebäude verlaufen!

Es dauerte eine gefühlte Ewigkeit, bis sie die schlurfenden Schritte ihres Vaters im Flur hörte. Eine weitere Ewigkeit verging, bis ihre zwei älteren Brüder endlich aus ihren Zimmern stolperten. Arlene hatte das Gefühl, dass sich der ganze Morgen zog wie Kaugummi. Aber sobald die Familie in der Schule angekommen war, schienen die Uhren auf einmal doppelt so schnell zu ticken. Die große Feier in der Aula mit Musik und Tanz der Älteren, die etwas langweilige Schulführung, das Kennenlernen der Klasse und die erste Schulstunde mit ihrer Klassenlehrerin Frau Heller – all das verging wie im Flug. Zum Glück war ihre beste Freundin Josie die ganze Zeit an ihrer Seite.

„Und, wie findest du unsere Klasse?", fragte Arlene Josie, während sie auf dem Nachhauseweg über eine kleine Mauer balancierte. Wie immer, wenn sie mit ihren Familien unterwegs waren, waren die beiden allen anderen weit voraus. Josie, die fast zwei Köpfe kleiner war als Arlene, kam sich vor wie ein Zwerg, als sie ihrer Freundin oben auf der Mauer zurief: „Gut! Das wird noch lustig mit Pascal und Yasin. Die beiden werden bestimmt die Klassenclowns sein." „Zusammen mit Emma!", ergänzte Arlene sofort. Josie überlegte kurz. „Wer war noch mal Emma?" All die neuen Namen und Gesichter hatten sie ganz durcheinandergebracht. An Pascal und Yasin konnte sie sich erinnern, weil die beiden schon in der ersten Stunde mit den Stühlen gekippelt hatten und dabei umgekippt waren. Aber Emma? „Na, das Mädchen mit den blonden Locken, das vorne in der Ecke saß!" Für einen Moment huschte Arlene ein Lächeln übers Gesicht. „Die war auch total witzig. Sie hat sich nur geschickter angestellt als die Jungs, sodass Frau Heller nichts bemerkt hat", erklärte sie. Arlene hüpfte von der Mauer herunter und drehte sich im Kreis, sodass ihr weites, buntes Kleid in die Luft flog. Heute hatte sie richtig gute Laune. Sie hatte das Gefühl, dass ihnen eine aufregende und schöne Zeit bevorstand. Auch wenn ihr das gar nicht bewusst war, aber mit solchen Gefühlen behielt sie in den meisten Fällen recht.

Die beiden Freundinnen gewöhnten sich schnell an ihren neuen Schulalltag. Schon bald kannten sie alle Namen ihrer Mitschülerinnen und Mitschüler. Sie wussten, wer immer die Hausaufgaben vergaß, wessen Eltern in der Pause noch ein vergessenes Brot vorbeibrachten und wer die meisten frechen Kommentaren in den Unterricht reinrief. Es war Arlene und Josie nicht schwergefallen, neue Freunde zu finden. Sie spielten Tischtennis mit Pascal und Yasin, tauschten Freundebücher mit Julia, Kimmy und Samantha und kicherten bei Gruppenarbeiten mit Marvin und Helena um die Wette. Und trotzdem: Nach wie vor war es Emma, die Arlene am meisten zum Lachen brachte. Emma hatte eindeutig die besten Witze auf Lager – aber daran lag es nicht. Es lag an ihrer besonderen Art, die Arlene oft ganz unbemerkt zum Grinsen brachte. Wie sie sich ihre langen blonden Locken schwungvoll über die Schultern warf. Wie sie manchmal im Gang vor dem Klassenzimmer lustige Tänze vollführte, als wäre sie auf einer Bühne. Wie sie den verwunderten Blicken und dem Getuschel der anderen stets ein herzliches Lachen entgegensetzte. Arlene fielen diese Dinge auf, aber sie wusste, Josie hatte all das kaum wahrgenommen. Umso aufgeregter war sie, als sie eines Nachmittags mit ihrer Freundin über Emma reden wollte.

„Glaubst du, Emma mag mich?", platzte es aus Arlene heraus, als die beiden Mädchen gerade ihre Mathehausaufgaben machten. „Was? Ja klar, das weißt du doch." Josie blickte überrascht auf. „Hm, aber ich meine ... so richtig?", druckste Arlene herum. So unsicher kannte Josie ihre Freundin gar nicht. Dann begriff sie: „Ach so, du bist verliebt?" Aufgeregt musterte sie Arlene, die verlegen auf ihre Matheaufgaben starrte und nickte. „Oh, wie cool!", rief Josie aus. Aber ihre Freundin zischte: „Pscht. Das muss nicht jeder wissen!" Sie deutete auf ihren Vater, der gerade an ihrem Zimmer vorbeilief. „Hast du das deinem Papa nicht erzählt?", fragte Josie verwundert. Sie selbst war noch nie verliebt gewesen, aber an Arlenes Stelle, hätte sie es ihrer Familie wahrscheinlich schon längst erzählt. Das war doch total spannend! Arlenes Miene verdunkelte sich. „Ich weiß ja nicht, ob du's gemerkt hast, aber Emma ist ein Mädchen!", murmelte sie in ihr Matheheft. „Ach echt? Ist mir gar nicht aufgefallen", scherzte Josie und stieß ihre Freundin dabei leicht in die Seite. Arlenes Mundwinkel zuckten verdächtig und wenige Minuten später hatte Josie es geschafft: Sie hatte ihre beste Freundin wieder einmal zum Lachen gebracht.

An diesem Nachmittag saßen die beiden noch lange über ihren Mathehausaufgaben, ohne auch nur einen Gedanken an Mathe zu verschwenden. Stattdessen grübelten sie darüber, wie ihre Klasse wohl auf ein Outing reagieren würde. Würde es blöde Sprüche geben? Würde Emma auf Abstand gehen? Oder ging es ihr womöglich ähnlich? Wie konnte man all das nur herausfinden? „Du kannst es doch einfach sagen. Was soll schon passieren? Es ist doch nix Schlimmes!", schlug Josie nach einer Weile vor. „Das sagst du so einfach. Du bist ja auch nicht betroffen", antwortete Arlene bedrückt. „Das ist es! Ich teste es einfach! Ich behaupte, dass ich auf Mädchen stehe. Dann kriegst du alle Reaktionen mit, aber dein Geheimnis bleibt ... geheim!" Josie war ganz begeistert von ihrer Idee. „Das würdest du echt machen?" Arlene starrte ihre Freundin mit großen Augen an. „Klaro. In der Wissenschaft nennt man so etwas Studie", lachte Josie.

Als die beiden Freundinnen am nächsten Tag das Klassenzimmer betraten, waren sie aufgeregter als gedacht. Vorher hatten sie ja nur über den Plan geredet und für Josie war klar gewesen, dass schon alles gut gehen würde. Warum sollte es auch blöde Kommentare geben? Es konnte doch jedem egal sein, wen man liebte, man blieb doch dieselbe Person! Aber als sie heute auf ihren Platz ging, klopfte ihr Herz stärker, als sie es erwartet hatte. Plötzlich machte auch sie sich Gedanken darüber, wie ihre Mitschülerinnen wohl reagieren würden. Es war verrückt. Sie spürte, wie Arlenes Sorgen und Ängste sich auf sie übertrugen. Vielleicht hatte Arlene recht und es fühlte sich doch noch einmal anders an, wenn es einen selbst betraf.

Als es schließlich zur Pause klingelte, hielt Josie es nicht mehr aus. Sie wollte die Sache mit dem Outing endlich hinter sich bringen. Während

Stühle gerückt und Pausenbrote hervorgekramt wurden, sagte sie laut, damit alle es hören konnten: „Ich bin übrigens lesbisch". Das Stühlerücken verstummte und auch sonst war kein einziger Ton mehr zu hören. Die Augen ihrer Sitznachbarinnen waren auf sie gerichtet, doch noch immer sprach niemand ein Wort. „Äh ja, ihr könnt weitermachen, mehr wollte ich gar nicht sagen", versuchte Josie die peinliche Stille aufzulösen. Pascal brach in ein lautstarkes Gelächter aus. Seine Sitznachbarin Kimmy zischte ihm irgendetwas zu. Und auch Emma blickte den Jungen mit ihrem ruhigen, aber bestimmten Blick an und fragte: „Hab ich was verpasst? Über welchen Witz lachst du?" Pascal versuchte, sich seine aufsteigende Unsicherheit nicht anmerken zu lassen. „Na, du hast es doch gehört, die kleine Josie steht auf Mädchen. Bestimmt seid ihr längst ein Paar, oder?", rief er und zeigte dabei auf Arlene. Oh nein! Arlene sollte doch mit all dem gar nichts zu tun haben! Noch bevor Josie etwas antworten konnte, ergriff Emma wieder das Wort. Sie schaute Pascal herausfordernd in die Augen: „Und wenn das so wäre, was ginge dich das an?" Sie machte eine bedeutungsvolle Pause. „Wenn

"So wie du bist,
wirst du geliebt!"

dich das so brennend interessiert, kann das ja eigentlich nur bedeuten, dass du in Josie oder Arlene verliebt bist", fuhr sie fort. Pascal war sein Lachen vergangen. Inzwischen waren die Augen der anderen Kinder auf ihn gerichtet. „Pah, so weit kommt's noch", schnaubte er, während er hastig den Klassenraum verließ. „Danke", richtete sich Josie an Emma. „Ach, schon gut", winkte Emma ab. „Ist mir immer wieder ein Vergnügen, Leute darauf hinzuweisen, dass sie nicht annähernd so lustig sind, wie sie meinen." Dann warf sie ihre Haare über die Schultern und verschwand ebenfalls aus dem Klassenzimmer.

„Also, Emmas Reaktion war ja schon mal super!", erinnerte sich Josie am Nachmittag. Wieder waren es die Mathehausaufgaben, die vor den Mädchen auf dem Tisch lagen, aber keinerlei Beachtung fanden. „Wir gehen Mathe machen" war mittlerweile der Geheimcode der beiden geworden, wenn sie ungestört die wirklich wichtigen Gespräche führen wollten. „Aber was sagt uns das?", überlegte Arlene. „Jetzt weiß ich ja immer noch nicht, ob Emma auch eher Mädchen als Jungs mag."

Die beiden Freundinnen zerbrachen sich den Kopf darüber, wie sie das herausfinden konnten. Sie trugen alles zusammen, was ihnen über les-

bische Frauen und Mädchen einfiel. Vielleicht konnten sie so herausfinden, ob Emma in dieses Bild passte. „Manchmal sehen lesbische Mädchen doch ein bisschen jungsmäßig aus, oder? Hab ich zumindest im Fernsehen ab und zu schon gesehen", erinnerte sich Josie. „Und ich glaub, manche verstehen sich besser mit Jungs als mit Mädchen, oder?", ergänzte Arlene. Plötzlich fiel ihr auf: „Aber ich seh auch nicht besonders jun-genhaft aus." Sie deutete auf ihr pinkes Kleid und ihren langen geflochtenen Zopf. „Und meine besten Freundinnen sind alle Mädchen", fuhr sie nachdenklich fort. „Dafür hab ich kurze Haare und versteh mich mit den Jungs ganz gut. Das kann ja nur heißen, dass eigentlich ich lesbisch bin und nicht du", kicherte Josie. Ihr glucksendes Lachen steckte Arlene wieder einmal an und endete für beide in einem herzhaften Lachanfall.

Nach einer Weile beruhigten sie sich wieder. Nein, so kamen sie auch nicht weiter, ein neuer Plan musste her. „Vielleicht können wir mal beobachten, ob Emma die anderen Mädchen etwas länger anguckt, was meinst du?", fragte Josie. „Warum nicht? Etwas Besseres fällt uns heute sowieso nicht mehr ein. Und jetzt müssen wir mal wirklich ein bisschen Mathe machen, bevor uns mein Papa doch noch eine Nachhilfe vorbeischickt", antwortete Arlene. Und einen Nachhilfelehrer konnten die beiden bei ihren Mathe-Treffen nun wirklich nicht gebrauchen.

Zwei Tage später war es so weit. Sportunterricht stand auf dem Stundenplan. Nach und nach trudelten alle Mädchen der Klasse in der Umkleidekabine ein. Geheimnisvoll zwinkerte Josie Arlene zu. Die Mädchen hatten beschlossen, dass sie im Sportunterricht besser auf Emmas Blicke achten konnten als im Klassenzimmer, wo Emma vor ihnen saß. Josie fühlte sich wie eine Detektivin auf geheimer Mission, als sie versuchte, möglichst heimlich Emmas Blicke zu verfolgen.

Manchmal schielte sie ein wenig, um nicht ihren Kopf nach Emma zu verdrehen. Manchmal redete sie mit Arlene und versuchte, unauffällig an ihr vorbei in Richtung Emma zu schauen. Als Josie Emmas Blick in den Spiegel folgte, kreuzten sich ihre Blicke. Der Spiegel! Den hatte Josie gar nicht bedacht. Womöglich hatte Emma jetzt doch bemerkt, dass Josie sie unentwegt anstarrte. Am liebsten wäre sie im Erdboden versunken.

Als Arlene und Josie sich an diesem Nachmittag wieder zum „Mathemachen" verabredeten, war die misslungene Mission Gesprächsthema Nummer eins. „Also, Emma hat uns nicht irgendwie anders angeguckt oder so. Ich hab echt darauf geachtet, aber mir ist nichts aufgefallen", berichtete Josie. „Ja, dass du echt darauf geachtet hast, weiß ich. Emma hat mich am Anfang der Sportstunde heimlich gefragt, ob du vielleicht in sie verliebt bist, weil du sie in der Umkleide so angestarrt hast. Sie dachte, ich als deine beste Freundin müsste das doch wissen. Sie hat sogar erwähnt, dass das natürlich nicht schlimm sei. Aber wenn die anderen es nicht mitbekommen sollen, müsstest du das heimliche Gucken noch ein bisschen üben." „Oh nein, wie peinlich! Sorry, dann hab ich's wohl komplett vermasselt." Zerknirscht vergrub Josie den Kopf in ihren Händen. „Nee, ganz im Gegenteil", erwiderte Arlene. In ihrem Gesicht machte sich wieder dieses leicht verträumte Lächeln breit, das Josie an ihr inzwischen schon öfter gesehen hatte, wenn es um Emma ging. „Irgendwie war das ein echt schönes Gespräch. Sie hat uns für Samstag zu sich eingeladen. Ich hab gesagt, dass du leider keine Zeit hast. Stimmt doch, oder?", fragte sie ihre Freundin mit einem Augenzwinkern. „Äh, ja genau. Da ist ... der hundertste Geburtstag meiner Schildkröte Speedy. Den hätte ich ja fast vergessen. Ganz wichtiger Tag, da kann ich natürlich unmöglich weg", erfand Josie spontan.

Und so kam es, dass die beiden Freundinnen den darauffolgenden Samstag ausnahmsweise nicht zusammen verbrachten. Josie pflückte für Speedy den schönsten Löwenzahn. Vielleicht hatte er ja wirklich Geburtstag, wer wusste das schon so genau? Und Arlene? Die spielte mittags zusammen mit Emma ihr Lieblings-Computerspiel. Nachmittags kletterte sie auf den Apfelbaum in Emmas Garten, um ihr den dicksten

Apfel zu pflücken. Und als die beiden Mädchen am frühen Abend nebeneinander auf einer Stufe im Garten saßen und ihre langen Haare zu einem gemeinsamen Zopf zusammenflochten, überkam Arlene der Wunsch, Emma endlich die Wahrheit zu sagen. Natürlich nicht die ganze Wahrheit! Aber dass eigentlich sie es war, die Mädchen mochte, und nicht Josie. „Na, ihr kommt ja auf Ideen", meinte Emma kopfschüttelnd und lachte. Sonst sagte sie nichts dazu. Auch Arlene schwieg und genoss einfach den Moment. Mit aneinander gelehnten Köpfen saßen sie da und beobachteten, wie der Wind ihren gemeinsamen Zopf zwischen ihnen leicht hin und her bewegte. Wieder tauchte dieses wohlig warme Gefühl in Arlene auf, die Gewissheit, dass auf sie noch viele schöne, aufregende Momente mit Emma warteten. Und mit Gefühlen dieser Art behielt Arlene in den meisten Fällen recht, das wusste sie inzwischen.

Von Kraut und Rüben
und lachenden Hühnern

1 3:44 Uhr. Nicht einmal eine Minute war vergangen, seit Philipp das letzte Mal auf seine neue, leuchtend orange Armbanduhr geschaut hatte. Die Zeit schien sich heute wie das Kaugummi zu ziehen, mit dem er bereits seit Schulschluss übte, immer größere Blasen zu machen. Die Blase, die er gerade langsam vor seinem

Gesicht aufpustete, war groß. Sehr groß. 13:45 Uhr. Philipp hasste es, zu warten. Auf der ganzen Welt gab es nur einen einzigen Menschen, auf den er freiwillig ab und zu wartete: Julian, seinen besten Freund. 13:46 Uhr. Endlich! Die Tür von Herrn Brosius öffnete sich. „Dann genieß noch das schöne Wetter, Juli!", hörte Philipp die warmherzige Stimme seines Lehrers, der dabei die Hände ausstreckte, als könne er damit die goldenen Sonnenstrahlen einfangen, die auf den Schulhof fielen.

„Heute haben wir UNO gespielt! Ich hab immer gewonnen ... also fast immer. Am Ende hab ich den Herrn Brosius mal gewinnen lassen, aber pscht!", erzählte Julian aufgeregt, als er bei seinem Freund ankam. Dabei legte er sich geheimnisvoll seinen Zeigefinger auf die Lippen und wischte sich zugleich mit dem Mittelfinger etwas Speichel aus dem Mundwinkel. Philipp musste lachen. Auch wenn seine Laune mit jeder Umrundung des Sekundenzeigers, den er auf seiner Armbanduhr beobachtet hatte, gesunken war, hatte Julian etwas an sich, was ihn seine unschönen Gedanken schnell wieder vergessen ließ. „Und das nennt sich Förderunterricht? Ihr spielt doch fast immer nur! Und überhaupt, wer spielt denn in unserem Alter noch gerne UNO?" Philipp konnte förmlich spüren, wie diese Bemerkungen, die er schon fast auf den Lippen gehabt hatte, von seinem Lachen abgeschüttelt wurden.

Nachdem Julian Philipps Kaugummikünste bestaunt und Philipp Julians neueste Erfolge im Aussprechen schwieriger Wörter gelobt hatte, traten die beiden Freunde nun endlich ihren Heimweg an. Die beiden hatten das Glück, nicht nur in die gleiche Klasse zu gehen, sondern auch noch in der gleichen Straße zu wohnen. Gerade als sich die beiden Kinder vor Philipps Haustür verabschieden wollten, zischte Philipp plötzlich: „Pscht! Hörst du das?" Julian hörte nichts – aber er sah etwas! Mit energischen Schritten stapfte er auf das Haus seines Freundes zu. „Da braucht jemand unsere Hilfe!", rief er Philipp über die Schulter zu, während er zielstrebig auf ein gekipptes Kellerfenster zuging. Darin steckte ein kleines Kätzchen fest, das verängstigt miaute. Ohne zu zögern griff Julian mit seinen kleinen Händen in den Fensterspalt und befreite das

Kätzchen behutsam aus seiner misslichen Lage. Nach der erfolgreichen Tierrettung vergrub er sein Gesicht zufrieden im hellen, karamellfarbenen Fell des kleinen Kätzchens auf seinem Arm. Die Katze schien ihren Schreck bereits überwunden zu haben und schnurrte leise. „Wo du wohl hingehörst?", überlegte Julian an das Kätzchen gewandt, als erwartete er, von ihm eine Antwort ins Ohr geflüstert zu bekommen. Stattdessen schien Philipp eine Antwort auf diese Frage zu haben. Ein besorgter Blick huschte über sein Gesicht, der seinem besten Freund natürlich nicht verborgen blieb. „Was ist denn los?", hakte Julian sofort nach. „Die gehört der Hexe!", erklärte Philipp mit ehrfürchtig gedämpfter Stimme. „Ich hab sie da mal durch die Hecke kriechen sehen."

Die Hexe wohnte am Ende der Straße. Wie sie aussah, wusste keiner so genau, weil sie ihr altes, verfallenes Häuschen mit dem verwilderten Garten nie zu verlassen schien. Das Einzige, was sie über die Frau wussten, war das, was ihnen die Kinder aus ihrer Klasse nach ihren Klingelstreichen bei ihr berichtet hatten: „Sie hat Haare, so schwarz wie ihre Seele, in denen nisten sogar

Vögel! Und wenn wir bei ihr klingeln, jagt sie uns mit ihrem Gehstock. Wahrscheinlich will sie uns damit aufspießen und zum Abendessen grillen!" Die Hexe schien wirklich furchteinflößend zu sein – kein besonders beruhigender Gedanke, wenn man ihr ein womöglich verletztes Kätzchen zurückbringen wollte.

Gerade als die beiden überlegten, ob sie die Katze allein bei der Hexe abgeben oder doch lieber Philipps Papa um Hilfe bitten sollten, der im Haus längst auf seinen Sohn wartete, öffnete sich die Haustür. „Wenn man vom Teufel spricht!", lachte Philipp. „Na, das ist ja eine nette Begrüßung", sagte sein Vater und lugte hinter dem großen Müllsack hervor, den er gerade nach draußen trug. Wenige Minuten später war es dann so weit: Der Müllsack war entsorgt, der Vater eingeweiht und die Katze hatte vorsichtig noch etwas Wasser aus Julians Hand getrunken. Mit mulmigem Gefühl im Bauch näherten sie sich dem alten Holzhaus.

Die Holzfassade war von Wind und Wetter ergraut. Nur noch an wenigen Stellen blätterten die letzten Reste der grünen Farbe ab, die das Haus einst geziert haben musste. Doch davon war schon lange nichts mehr zu sehen. Seit die Kinder denken konnten, hatte niemand etwas an diesem Haus verändert oder repariert. Das Kätzchen auf Julians Arm schnupperte aufgeregt in Richtung des Hauses. Was für die Jungen wie ein verfallenes Haus einer womöglich verrückten Frau aussah, war für das Tier ein Ort voller Katzenspaß im tiefen Gras, sich immer wieder füllender Milchschälchen, Freiheit und Geborgenheit. Hier würde es ihr nie passieren, dass sie in einem Kellerfenster stecken blieb – was nicht zuletzt daran lag, dass die winzigen Kellerfenster schon vor Jahren aus den Angeln gefallen waren. Aber von all diesen freudigen Empfindungen des kleinen Kätzchens beim Anblick seines Zuhauses konnten die Kinder nichts ahnen, als sie mit zitternden Knien an die leise im Sommerwind klappernde Holztür herantraten und klingelten.

Die quietschende Tür wurde mit einem solchen Schwung aufgerissen, dass sie innen mit einem lauten Knall gegen die Wand schmetterte und bedrohlich wackelte. Philipp und Julian wichen vor Schreck zwei Schritte zurück. „Was wollt ihr hier?", fauchte die Frau, ihren Gehstock fest umklammert, als würde sie ihn jeden Moment erheben wollen. Ihr Blick fiel zuerst auf Philipps Vater, den sie mit ihren kühlen Augen kurz von oben bis unten musterte: Brille, Dreitagebart und ein gutes Stück kleiner als sie selbst. Sie glaubte, diesen Mann noch nie gesehen zu haben – aber ganz sicher war sie sich nicht. Für sie zogen Gesichter wie Schatten an ihr vorüber - kaum wahrgenommen und schon wieder verschwunden. Auch mit Philipp war sie schnell fertig: braune Haare, braune Augen und vermutlich zehn bis zwölf Jahre alt – so oder ähnlich sahen sie alle aus: die Kinder, die mittags regelmäßig ihre geliebte Ruhe störten. Nur an Julian blieb ihr Blick einen Moment länger hängen. Einen kurzen Augenblick schien sie zu überlegen, was genau es war, was sein Gesicht und vor allem seine Augen einerseits kaum merklich und zugleich doch so eindeutig anders aussehen ließ als die der anderen Kinder, die sie schon von ihrem Grundstück verjagt hatte.

Erst als sie das Kätzchen auf seinem Arm erblickte, machte sich ein erleichterter, geradezu liebevoller Blick in ihrem sonst so harten Gesicht bemerkbar, den sie schnell mit einem zornigen Stirnrunzeln überspielte. „Wo habt ihr meine Luna her?", fauchte sie die Kinder an. Aber Julian, dem der besorgte und fast schon herzliche Blick der Frau nicht entgangen war, ließ sich nicht einschüchtern, sondern trat einen Schritt nach vorn und setzte das Kätzchen vor die Füße der Frau. „Wir haben sie gerettet! Sie war eingeklemmt", erzählte er stolz. Auch Philipp trat nun einen Schritt nach vorn. Er wusste: Wenn sein Freund der Frau vertraute, versteckte sich hinter ihrem barschen Auftreten noch etwas anderes, was er zwar noch nicht erkennen, sein Freund aber sehr wohl erahnen konnte. Schon oft hatte sich Philipp darüber gewundert, wie Julian im ersten Moment wusste, ob er einen Menschen mochte oder nicht und vor allem, ob man einer Person vertrauen konnte oder nicht.

„Die Kinder haben die Katze eingeklemmt in unserem Kellerfenster entdeckt und sie gerettet", erklärte Philipps Vater. Philipp konnte es nicht leiden, wenn Erwachsene mit wichtiger Miene etwas über „die Kinder" erzählten, als wären sie selbst nicht in der Lage, zu sprechen. „Das hat Juli doch gerade auch schon gesagt!", murmelte er seinem Vater genervt zu, der ihm aber keinerlei Beachtung schenkte. Stattdessen versuchte dieser krampfhaft, irgendein höfliches Gespräch mit der Frau zu führen. „Vielleicht sollte man die Katze noch mal untersuchen? Ich könnte Ihnen die Telefonnummer einer sehr guten Tierärztin geben", schlug er vor. „Ich brauche keinen Tierarzt. Nie gebraucht. Ich heile meine Tiere allein", antwortete die Frau kurz angebunden. „Ach, sind Sie auch Tierärztin?", hakte Philipps Vater nach. „Nein." Es entstand ein kurzes, unangenehmes Schweigen.

„Ist Luna noch ein Baby?", unterbrach Julian den misslungenen Smalltalk. Die Frau bückte sich und streichelte das kleine Kätzchen zärtlich, das um ihre Beine strich. „Ja, meine kleine Luna wurde beim letzten Vollmond geboren", antwortete die Frau leise mit einem Gesichtsausdruck, den man sogar als Lächeln deuten konnte. „Ich mag den Vollmond. In meinem Zimmer kann ich ihn vom Bett aus sehen", erzählte Julian und strahlte dabei über das ganze Gesicht. Wieder einmal hatte er es mit seiner herzlichen und direkten Art geschafft, eine angespannte Situation zu entspannen. „Dein Name passt gut zu dir: Juli, so sonnig wie ein Sommertag im Juli", hatte Herr Brosius einmal passend festgestellt.

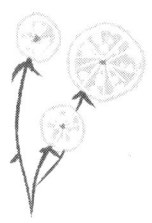

Kurze Zeit später standen die drei wieder auf der Straße. „Eine wunderliche Frau", murmelte Philipps Vater. Plötzlich weiteten sich seine Augen erschrocken: „Ich hab den Herd angelassen!", rief er laut aus und rannte los, so schnell ihn seine kurzen Beine trugen. Philipp und Julian aber blieben vor dem Haus der Frau stehen. Irgendetwas hatte sie an sich, was die Kinder nicht losließ. Von ihrer Neugier angetrieben, bogen die beiden in die Seitenstraße ein, die direkt hinter dem Haus entlangführte, und spähten durch die Hecke, die wild um das Grundstück herum wucherte. Als sie ein geeignetes Guckloch in der Hecke gefunden hatten, offenbarte sich ihnen ein Bild, mit dem sie beim besten Willen nicht gerechnet hätten! Die Frau, die sie eben an der Tür noch so bedrohlich empfangen hatte, bewegte sich zwischen herumlaufenden Hühnern im Takt der klassischen Musik, die von einem alten Plattenspieler ertönte. Mit ihrem Gehstock schob sie dabei das Unkraut und Gestrüpp auf ihrer „Tanzfläche" vorsichtig zur Seite. „Hat sie sich gerade echt bei einer Pflanze entschuldigt?", fragte Julian ungläubig. „Tatsächlich! Sie hat sich bei der Pflanze, die sie plattgetreten hat, entschuldigt ...", murmelte Philipp genauso überrascht und gefesselt zugleich. Aber es kam noch dicker – oder besser gesagt größer: Ein Esel erschien schmatzend auf der Bildfläche, holte sich erst ein paar Streicheleinheiten von der Frau ab, bevor er völlig selbstverständlich seinen Weg durch die schief hängende Terassentür ins Haus fortsetzte. „Das glaubt uns kein Mensch!", flüsterte Philipp seinem Freund zu.

Und er sollte recht behalten. Als er mittags aufgeregt zu Hause seine Geschichte erzählte, verschluckte sein Vater sich fast an einer Kartoffel:

„Die alte Frau Hasbach soll getanzt haben? Mit einem Esel im Haus? Was kommt denn als Nächstes? Lachende Hühner?" Aber neugierig war er dann doch geworden und so begleitete er die Jungen am nächsten Nachmittag. Die wollten nach der Schule ihrer neuen Freundin Luna einen Besuch abstatten, wie sie es gestern noch mit Frau Hasbach vereinbart hatten. Als sie die Tür öffnete, schien ihr Blick weniger hart zu sein als am Vortag – dafür aber vollkommen gleichgültig. Julian, Philipp und sein Vater folgten ihr ins Haus. Die Kinder staunten nicht schlecht: Um alle Tische, Regale und Schränke waren Grünpflanzen geschlungen. In einer Zimmerecke stand ein grünes, geschwungenes Polstersofa, vor das ein alter Baumstumpf als Couchtisch geschoben war. Der Tisch musste ebenfalls aus Holz bestehen, wie seine Beine verrieten – von seiner Oberfläche konnte man keinen Zentimeter erkennen, weil sich dort die verschiedensten Bücher, Töpfe und zahlreiche winzige Kistchen türmten. In einem Kamin flackerte ein Feuer, das eine gemütliche Wärme verströmte, die dem Esel, der daneben lag, sichtlich gefiel. Auf dem Kamin stand ein Kessel, der allmählich schrill zu pfeifen begann. Völlig selbstverständlich goss die Frau das kochende Wasser in eine Schale, in der sie die verschiedensten Kräuter aus ihrem Garten zusammengesammelt hatte. Dann tauchte sie eine Mullbinde in das Gemisch und wickelte es um Lunas Bauch. „Gegen die Quetschungen", murmelte sie, als sei das Erklärung genug.

Allmählich begannen Julian und Philipp, die Frau zu mögen. Trotz ihrer wortkargen Art hatte sie etwas an sich, was die beiden beeindruckte. Und so gingen sie Frau Hasbach beinahe täglich nach der Schule besuchen. Der gleichgültige Gesichtsausdruck der Frau wich allmählich einem Lächeln, wenn sie ihnen die Tür öffnete. Die Kinder liebten es, im Garten zwischen den herumlaufenden Hühnern, den Katzen und Hunden und dem Esel zu sitzen und die Brote zu essen, die sie mit Frau Hasbach zusammen vorbereitet hatten: „Natürlich ohne Wurst. Meine Freunde esse ich nicht", hatte die alte Frau ganz selbstverständlich entschieden.

Im Laufe der Zeit brachte die alte Frau den Kindern vieles bei: Wie man die Hufe eines Esels sauber kratzte; wie man erkannte, welche Pilze essbar waren und welche giftig. Aber vor allem lernten Julian und Philipp eines von ihr: Dass sich ein zweiter Blick oft lohnt – egal, ob es sich um ein stacheliges Unkraut handelte, das auf den zweiten Blick heilende Kräfte offenbarte, oder um einen Menschen, über den man sich bereits ein vorschnelles Urteil gebildet hatte.

Die Kinder aber lehrten die Frau, ganz ohne es selbst zu wissen, dass es da draußen auch Menschen gab, die anders waren. Anders als all die, die einen schon verletzt, geärgert oder nicht ernst genommen hatten – man musste seine Herzenstür nur einen Spalt öffnen und sie in das eigene Leben ein Stück weit hineinlassen.

"Deine Offenheit und Neugier zeigen dir neue Welten!"

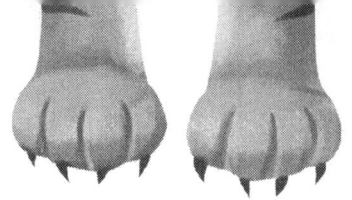

Nachwort

Jetzt bist du am Ende dieses Buches angelangt. Jetzt hast du Leon, Arlene, Nils, Stella, Julian und Co. kennengelernt. Hast du bemerkt, wie sich nach und nach in ihnen eine Stärke ihres inneren Tigers gezeigt hat? Wie bei einem Tiger, der lautlos durch das Unterholz schleicht, offenbart sich eine solche Stärke oft nicht mit viel Trara. Manchmal ist es sogar so wie bei Anisa und es fällt einem schwer, die eigenen Stärken zu entdecken. Wenn das bei dir der Fall ist, kann sich dein innerer Tiger besonders gut tarnen. Aber es lohnt sich immer ein zweiter Blick. Irgendwo versteckt er sich. Und plötzlich fällt dir auf: Das, was du für selbstverständlich gehalten hast, ist vielleicht gar nicht selbstverständlich. Vielleicht ist es dein Talent, besonders gut zuzuhören. Oder Ratschläge zu geben. Oder Streit zu schlichten. Oder Lösungen zu finden. Oder um die Ecke zu denken. Oder gute Laune zu verbreiten. Oder auch nur: einfach da zu sein, wenn jemand dich braucht.

Dieser zweite Blick lohnt sich genauso, wenn es um andere Menschen geht. Vielleicht ist die alte, etwas wunderliche Frau in dem leicht verfallenen Haus am Ende der Straße gar keine verrückte Hexe, sondern eine liebevolle Tiermama. Vielleicht ist der Junge, der mittags klingelt, gar nicht frech, sondern ein beherzter Tierretter. Vielleicht ist eine Lüge gar nicht aus Boshaftigkeit, sondern aus einer Angst heraus entstanden. Vielleicht ist dein Traum gar nicht nur ein Traum, sondern der Beginn von etwas ganz Großem.

Wahrscheinlich räumst du dieses Buch jetzt in ein Regal. Oder es liegt noch eine Weile auf deinem Schreibtisch unter Schulsachen, die sich langsam anhäufen. Oder es verschwindet in irgendeiner Nische. So oder so: Ich hoffe, dass du die Geschichten in guter Erinnerung behältst. Vielleicht denkst du noch ab und zu daran zurück, wenn du Dinge hinterfragst, große Träume und Pläne hast oder zu deinen Gefühlen stehst. Ich wünsche dir viel Spaß auf deiner eigenen Reise hinter deinen Horizont – der Tiger in dir wird dich begleiten!

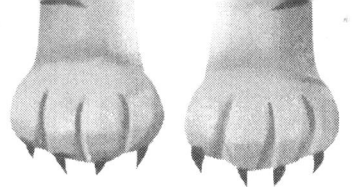

Dein Ausmalbild

Scanne den Qr-Code mit dem Smartphone, lade das tolle Ausmalbild mit den Eigenschaften eines Tigers herunter und drucke es mit dem Drucker aus. Du kannst es ausmalen, damit basteln, es in deinem Zimmer aufhängen oder auch an einen lieben Freund oder eine liebe Freundin verschenken.

Printed in Poland
by Amazon Fulfillment
Poland Sp. z o.o., Wrocław